힘만 조금
뺐을 뿐인데

일본의 대표 지성 우치다 타츠루의 삶이 가벼워지는 일상인문 에세이

힘만 조금 뺐을 뿐인데

우치다 타츠루 지음
전화윤 옮김

오아시스
Oasis

마음의 귀를 기울여
소리 없는 소리를 들을 때,
인간은 가장 부드럽고,
가장 가볍고,
가장 투명해집니다.

어깨에 힘을 빼면 삶이 유연해집니다

이 책은 내가 기억하기로 처음 시도하는 '받아쓰기'였습니다. 『망설임의 윤리학』이라는 나의 첫 단행본이 2001년 3월 도큐샤에서 나오고 얼마 지나지 않아 여러 출판사로부터 기획안이 들어왔습니다. 첫 단독 저서를 낼 수 있었다는 것만으로도 인생 최대의 과업을 달성한 듯한 기분이 들었던 나는 당시 제안받은 에세이 기획 몇 건에 너무도 들뜬 나머지 기쁜 마음으로 모든 오퍼를 차례차례 승낙했습니다.

시간이 조금 흘러 냉정을 되찾고 돌아보니 내가 쓰겠다고 약속해 버린 책이 무려 스물두 권이더군요. 이 약속은 평생이 걸려도 지킬 수 없을 것이었습니다. 가도가와쇼텐으로부터 제안이 있었던 것은 아마도 내가 '냉정을 되찾은' 즈음의 일이 아니었나 기억하고 있습니다.

남발한 공수표의 매듭을 어찌 지어야 할지 고뇌하던 무렵이었으니 가도가와쇼텐으로부터 들어온 에세이 기획은 그 자리에서 정중

하게 거절했다고 기억하고 있습니다. 그런데 그때 담당자였던 '가도가와의 야마 짱(그는 이후 문예춘추의 야마 짱으로 불리게 됩니다)'은 "선생님, 그런 경우에는 '받아쓰기'라는 방법이 있습니다. 말씀하신 내용을 녹음한 테이프를 저희 쪽에서 듣고 글로 옮길 테니 살짝 수정만 해주시면……"이라고 체셔 고양이 같은 미소를 지어 보였습니다.

한나절 떠드는 것만으로도 책이 만들어지는 마법과 같은 일이 정말 가능한 것인가, 나는 출판업계를 아무것도 모르는 풋내기였으므로 그의 말에 완전히 마음이 열려서 그럼 다른 일은 일단 제쳐두고 이쪽부터 먼저 진행해보시죠, 하는 상황이 되었습니다.

고베의 강연홀 비슷한 곳을 대여해 다테 씨와 야마 짱 두 사람을 앞에 앉혀놓고 한나절 동안 계속 말을 하고, 그 후 기타노의 '그릴 미야코'로 장소를 옮겨 와인을 마시면서 또 말을 하다 보니 약 열 시간 분량의 테이프가 완성되었지요.

이야, 이걸로 한 권이 완성된 건가, 하고 나는 어깨의 짐을 완전히 내려놓고 있었는데, 그 후 받은 데이터를 보니 수다는 역시 수다일 뿐 그대로 상품화할 수 있는 수준이 아니더군요. 결국 처음부터 전부 하나하나 다시 쓸 수밖에 없었습니다.

역시 프로 편집자는 사람을 일하게 만드는 데 능한 법이군, 역시 식은 죽 먹기처럼 일을 해치우는구나 하고 감탄했지만, 그 때문에 '야마 짱'은 그 후 몇 년에 걸쳐 내 블로그에서 '나쁜 놈'의 대표주자로 거듭 언급되며 신용을 잃게 되었습니다(딱한 일이지요).

그렇게 비교적 험악한 환경에서 만들어진 책치고는 (뜻밖에도) 20대부터 40대 여성들의 반응이 좋았습니다. 도대체 어떤 부분이 그들의 심금을 울렸는지 나는 상상이 잘되지 않지만, '자기가 세운 원리원칙에 속박되지 말고 그때그때의 느낌에 따라 편하게 삽시다'라는 메시지가 공감을 얻은 것인지도 모릅니다(아닐 수도 있습니다).

어쨌든 이 책을 쓴 후에도 나의 기본적인 자세는 변함이 없습니다.

내가 스스로 세운 원리원칙에서 벗어나는 것은 타인이 강요한 원리원칙에서 벗어나는 것보다 훨씬 어려운 일입니다. 인간은 자신이 일단 입 밖으로 뱉은 말은 죽어도 지키려는 본능이 있기 때문입니다.

그러므로 말을 번복하는 것을 두려워해서는 안 됩니다.

"무엇 무엇이다"라고 힘 있게 단언한 후에 바로 "아, 방금 한 말 취소"라고 하는 것을 주저하지 말아야 합니다. '방금 한 말 취소'가 가능한 것은 방금 전 나의 판단에 잘못이 있었다는 것을 알았기 때문입니다. 스스로 잘못을 깨닫는 것은 타인에게 지적을 듣는 것에 비하면 자랑스러워해야 할 일이지 전혀 비난당할 일이 아니지요.

선생도 마찬가지입니다. 교단에 서서 "저, 죄송합니다. 지난주에는 이렇게 가르쳐드렸는데, 그건 틀린 거였어요"라고 확실하게 말할 수 있는 교사는 많지 않은데, 그만큼 지적知的 측면에서 쉽지 않은 일이기 때문입니다. 지난주에 내가 한 말이 틀렸다는 사실을 알아차리는 것은 일주일 동안 그만큼 지적 진보가 이루어졌다는 말입니

힘만 조금 뺐을 뿐인데

다. '지난주도 이번 주도 변함없이 현명한 사람'이기보다 '지난주보다 이번 주가 조금 더 현명한 사람'인 편이 훨씬 멋지다고 생각합니다.

"미안, 아까 건 취소"라는 말을 일본인들은 더욱더 많이 해야 하고, 그렇게 고백하는 사람의 지적 성실성과 용기를 적절히 평가해야 하지 않나 싶습니다.

그러나 세상을 둘러보면 자신이 뱉은 말의 앞뒤가 맞지 않을 때에도 잘못을 인정하기가 두려워 "아니, 이렇게 될 줄은 애초에 생각도 못 했어요"라며 굳은 얼굴로 애써 웃음 짓거나 "그 정도 잘못은 오차 허용 범위잖아요"라며 노려보는 사람들이 역시 대다수입니다. 그러나 무엇보다도 그런 태도는 본인의 건강에 좋지 않습니다.

이번에 4년 전에 쓴 이 책의 인쇄본을 다시 읽어보고 너무도 부적절한 말들만 늘어놓은 데에 깜짝 놀라 "미안, 이 책 쓴 거 없었던 일로 해줘"라고 말하고 싶은 마음이 지금 내 안에는 가득하지만, 위에서 언급한 이유로 이 책의 가치가 조금도 떨어지지 않았다는 점만큼은 당당하게 말씀드릴 수 있어 기쁠 따름입니다.

이번 문고판을 내면서 교정이 계속 늦어지는 바람에 담당자 에자와 노부코 씨에게 큰 심려를 끼쳤습니다. 정말 죄송한 마음입니다.

끝으로 이 책이 나오기까지 도움을 주신 모든 분에게 깊은 감사의 말씀을 올립니다. 늘 감사하고 있습니다. 덕분에 책이 완성되었습니다.

우치다 타츠루

≋ 차례 ≋

−1장−

오래 참을수록
꼰대가 됩니다

인간은 생각보다 쉽게 망가진다 〰〰

이사를 자주 다닙니다.

지금까지 이사를 열아홉 번 했습니다. 처음부터 다시 시작하는 것을 좋아하기 때문입니다. 트렁크 하나에 가진 것을 모두 담아, 살던 곳을 훌쩍 떠나서 다음 도시로 향하는 것. 내가 꿈꾸는 이상적인 삶의 방식입니다.

이사를 자주 하는 것은 스스로를 언제든 다음 장소로 당장 떠날 수 있는 상태에 두고 싶기 때문입니다. 아시다시피 이사할 때마다 짐은 줄어들기 마련이지요.

그러면 이사할 때 짐 싸기가 힘들어서라도 물건을 많이 들이지 않게 됩니다. 가구는 최소한으로만 두고 옷은 두 계절을 못 입는 것은 버립니다. 책도 다시 읽을 일이 없는 것은 버립니다. 책과 옷과 컴퓨터와 CD와 DVD 정도밖에 없으니 집 안이 한갓집니다.

소유하지 않는 것을 좋아합니다.

이렇게 말하면 깨달음이라도 얻은 사람 같겠지만, 물욕을 채우려고 들면 사실 끝이 없습니다. 매사에 충족되지 못하는 느낌만 더해 갈 뿐. 이거, 고달픕니다.

욕망이 충족되는 선을 낮게 설정해두면, 쉽게 '아, 행복하구나' 하는 기분이 찾아옵니다. '작지만 확실한 행복'(무라카미 하루키)을 하나하나 찾아가는 것이 결국 행복해지는 가장 좋은 길입니다.

진눈깨비 내리는 겨울날 아침, 따뜻한 이불을 뒤집어쓰고 아침잠을 자다가 '맞다, 오늘은 수업이 없으니까 더 자도 되는구나' 하고 생각할 때, 그것만으로도 이 세상 어느 누구 못지않은 행복을 느낄 수 있지요. 아주 쉽지 않습니까?

쉽게 행복해질 수 있는 사람이라고 하면 어딘지 모르게 경박하고 바보 취급을 받을 것 같지만, '쉽게 행복해질 수 있다'는 것은 일종의 능력이라고 나는 생각합니다. 생존 전략상 이 능력은 확실히 유리합니다.

지금까지 우리가 살면서 보아온 모델은 이와는 반대로 '원하는 것을 아무리 손에 넣어도 욕망이 충족되지 않아 항상 굶주려 있는 사람'이었습니다.

'나아지려고 한다'는 것은 어떤 의미에서는 채워지지 않는 욕망에 불탄다는 뜻이기 때문입니다.

"이렇게 뜨뜻미지근하게 타성에 젖어 살다가는 성공하지 못할 거야. 이런 식으로 살 수는 없어"라고 초조해하면서 '한 단계 위의 자신'을 지향하는 사람, 그런 각고면려刻苦勉勵형을 가정, 학교, 언론

힘만 조금 뺐을 뿐인데

은 한목소리로 '바람직한 인간'이라고 치켜세웠습니다. 일본은 메이지유신 이래 계속 그래왔어요.

물론 그런 '불충족감'을 동기로 삼는 것도 삶의 방식으로 손색은 없습니다. 하지만 나는, 이제 더 이상 그렇게 살지 않았으면 좋겠습니다.

'나아지지 않아도 괜찮다'고 하면 선생이 해서는 안 될 망언으로 들릴지 몰라도, 다 이런저런 이유가 있어서 드리는 말씀입니다.

대학생들을 앞에 두고 나는 "너희들에게는 거의 무한대의 가능성이 있다. 하지만 가능성은 생각만큼 무한하지 않다"고 누누이 말합니다.

자신의 가능성을 믿는 것은 매우 좋은 일입니다. 그러나 가능성을 너무 믿은 나머지, 불가능한 일을 시도하는 것은 좋지 않습니다. 그도 그럴 것이, 끊임없는 '불충족감'에 고민하면서 목표를 달성할 수 없다는 스트레스에 늘 시달리게 되기 때문입니다.

어느 시점에서 자기가 가진 지적 혹은 신체적 자원의 한계를 알고, 우선순위가 높은 것부터 순서대로 잘 배분하는 법 또한 배워두어야 합니다.

가능성은 무한하다고 믿는 사람들이 있습니다. 아주 많아요. 하지만 그것은 착각입니다.

학생들 중에는 공부를 하고, 아르바이트를 하고, 학원에서 자격증을 따고, 피부 관리를 받고, 영어회화 수업을 듣고, 해외여행을 가고 등등 아주 빡빡하고 힘든 일정을 짜서 생활하는 경우가 가끔 있습니다.

하루는 스물네 시간밖에 없으므로 이런 일정은 과도합니다. 이렇게 해서는 몸이 버텨낼 재간이 없습니다.

정신적으로도 체력적으로도 사용할 수 있는 자원에는 한계라는 것이 있습니다. 적정한 목표를 설정하고 자원을 분배하기에 앞서 우선순위를 정해두지 않으면 인간은 망가집니다. 인간은, 생각보다 쉽게 망가집니다.

젊은 사람들이 잘 모르는 것은(혹은 알려고 하지 않는 것은) '인간은 생각보다 쉽게 망가진다'는 사실입니다.

망가지는 것에는 다양한 형태가 있습니다.

전형적인 예가 '지금 여기에 있는 나 자신'보다 '나 아닌 다른 사람, 여기가 아닌 다른 곳, 지금이 아닌 다른 시간'에 더 생생한 현실감을 느끼는 경우입니다.

그런 사람은 '나는 이것도 할 수 있어, 저 정도는 할 수 있지'라는 마음으로 여러 과제를 떠안고 맙니다. 당연히, 하려고 들면 못 할 일은 없습니다. 하지만 그것을 '단번에' 달성하기는 어렵습니다. 입시 공부처럼 목표가 보이는 과정이라면 단기적으로 스스로를 심신의 한계까지 밀어붙여 볼 수는 있습니다. 그렇다고 몇 년, 혹은 10년 넘게 지속할 수는 없겠지요. 그런 짓을 하면 인간은 누구라도 망가집니다.

힘만 조금 뺐을 뿐인데

인간이라는 존재는 강하지만, 약합니다. 노력할 수 있지만, 노력한 만큼 지칩니다. 무리해서 미리 당겨쓴 에너지는 훗날 반드시 갚아야 할 때가 옵니다. 이 당연한 사실을 모르는 사람들이 너무도 많은 듯합니다.

지칠 때 솔직하게 "아, 너무 힘들다"라고 말하고 적절히 넘길 줄 아는 것은 살아가는 데 있어 아주 중요한 태도입니다. 지친다는 것은 건강하다는 증거입니다. 아프다는 것은 살아 있다는 증거입니다. 지겹다는 것은 활동적이라는 증명입니다.

그러나 '한 단계 위의 자신'에 도취되어 있으면 몸과 마음이 비명을 지를 만큼 아파도 좀처럼 쉬지 못합니다. 지쳐서 멈춰 서기라도 하면 나약한 자신을 탓합니다.

그것은 자신의 몸에도, 정신에도, 가혹한 일입니다.

물론 성장하고자 하는 것은 좋습니다. 하지만 지나치게 애쓰는 것은 안 됩니다.

인간은 꿈과 현실을 동시에 살아야 합니다. 그리고 둘 사이에서 균형을 잡는 일은 매우 어렵습니다.

그런데도 젊은이들은 정답을 단순화하고 싶어 합니다.

"저에게 무한한 가능성이 있나요, 없나요? 저는 어느 쪽인가요?" 하고 물어옵니다.

그럴 때 나는 이렇게 대답합니다.

"너의 가능성은 무한한 동시에 유한하다."

자신의 가능성을 최대화하기 위해서는 자신의 가능성에 한계가 있다는 사실을 알아야 합니다. 자신의 가능성을 키우기 위해서는 자신의 가능성을 소중히 아껴야 합니다.

스스로의 '가능성'이라는 것은, 빗대어 말하자면 우리가 탄 마차를 끄는 말과 같습니다.

때로는 쉬게 하고 물도 먹이고 먹이도 듬뿍 주면서 더없이 예뻐하면 말은 우리를 멀리까지 데려가줍니다. 그러나 끊임없이 재촉하고 잠시도 쉬지 못하게 하면서 채찍으로 때리기만 한다면 머지않아 피로로 죽고 말 것입니다.

자신의 잠재적 가능성이 '한계를 넘어서게' 하려면 우선 잠재적 가능성에는 '한계가 있다'는 사실부터 알아야 합니다.

가능성은 사랑과 마찬가지입니다.

사랑을 상당히 함부로 취급하는 사람이 있습니다. 상대가 자신을 얼마나 사랑하는지 알기 위해 애정을 '시험하는' 사람이 있습니다. 무리하고 어려운 일을 부탁해놓고 생트집을 잡거나 상처를 주거나 배신을 하거나 하는 식으로 애정에 다양한 '시련'을 주고도 살아남는다면 그것이 바로 '진정한 사랑'이라고 생각하는 겁니다.

하지만 그 생각은 틀렸습니다. 사랑은 '시험하는' 것이 아닙니다. '키우는' 것입니다.

제때 물을 주고 매일 햇볕을 쬐게 하고 비료를 주면서 정성껏 키우는 것입니다.

힘만 조금 뺐을 뿐인데

어린 싹일 때 비바람을 맞고, 짓밟히고, 그럼에도 다시 살아나는지 시험해보는 것은 아무런 의미가 없습니다. 그렇게 한다면 대부분 이내 말라 죽고 말 것입니다.

사랑을 크게 키우려면 사랑에도 '수명이 있다'는 것을 알아야 합니다. 극진히 보살피고 키워냈을 때 비로소 '시련에 견딜' 정도의 단단함도 가지게 됩니다.

우리의 가능성을 죽이는 것이 있다면, 그것은 다른 누구도 아닙니다. 그 가능성에 너무나 많은 기대를 품은 우리 자신입니다.

〰〰〰 진정한 이기주의란

　요즘 사람들은 '이기적'이라는 비난을 자주 듣습니다. 정말 그럴까요? 나는 그렇게 생각하지 않습니다. 그들은 '이기적利己的'인 것이 아니라 그저 '자기[己]'가 비정상적으로 협소할 뿐입니다.

　진정한 의미로 '이기적'인 사람이라면, '어떻게 하는 것이 행복해지는 길이지? 어떻게 하면 지금 향유하고 있는 쾌적함을 최대화해서 되도록 오랫동안 지속시킬 수 있을까?' 하고 생각할 겁니다. 그런데 요즘 사람들은 어떻습니까?

　예를 들어 '짜증이 나서 사람을 죽인' 젊은이가 있다고 합시다. 그걸 '이기적'인 행동이라고 할 수 있을까요?

　아니겠지요.

　'짜증이 나서 사람을 죽인' 젊은이는 그 후 체포되어 구금되고 재판을 받고 형을 살게 됨으로써 길고 괴로운 심신의 고통을 경험하게 될 테니까요.

한 순간의 짜증을 해소하는 '쾌적함'을 택한 결과, 수십 년(경우에 따라서는 죽기 전까지)에 걸쳐 '불쾌함'을 대가로 치른다는 건 아무리 생각해도 수지타산이 맞지 않는 거래 아니겠습니까?

이때 그의 행동은 '이利=기적己的'이라고 볼 수 없습니다. 오히려 '이利=짜증적'이라고 해야 합니다. '짜증'의 해소가 전인격 중에서 최우선으로 배려받고 있기 때문입니다.

자신의 심신을 구성하는 다양한 요소 가운데 극히 일부 ─ 증오라든가 조바심이라든가 짜증이라든가 하는 '불쾌감'의 해소와, 섹스와 마약이 가져다주는 '쾌감'의 달성─ 를 가장 먼저 고려하는 이들은, 이기적이라기보다는 이롭게[利] 해야 할 '자기[己]'가 본래의 크기보다 훨씬 줄어들어 있는 사람들입니다.

'미래의 자기 자신'이 감옥으로 직행해서 겪을 불쾌감인데도 '자기'의 불쾌감으로 치지 않을 정도이니, '짜증 난' 젊은이에게 자신의 신체는 불쾌함을 해소하고 쾌감을 달성하기 위해서라면 얼마든지 혹사당해도 되는 '도구'의 수준으로까지 경시되고 있다는 뜻입니다.

이는 방금 전 말씀드린 '한 단계 위의 자신'에게 도취된 젊은이의 발상과도 통하는 부분이 있습니다.

현재 자신의 상태가 어떤지 알지 못하고, 몸이 비명을 질러대도 귀를 기울이지 않은 채, 욕망의 실현을 위해서라면 자신의 신체에 견디기 힘들 정도로 부담을 줄 수 있는 사람은, '나 자신'이 축소되어 있다는 의미에서 보면 '짜증 난 젊은이'와 같은 부류입니다.

한편, 가정교육에도 간접적 원인이 있는지 모르겠습니다.

만약 부모가 아이에게 '어떤 조건을 만족시키면(배변 훈련을 잘 따라오면, 말문이 트이면, 공부를 잘하면, ○○ 대학에 합격하면……) 너를 내 자식으로 인정한다. 조건을 만족시키지 못하는 부분은 내 자식으로 인정할 수 없다'며 자라는 아이에게 부담을 지운다면 어떻게 될까요?

아이는 어릴 때부터 자기 안에 '나'로 인정받는 부분(공부를 잘하는 것과 같은)과 '나'의 일부로 인정받지 못하는 부분(예를 들면 낮잠을 너무 좋아하는 것)이 있구나 하고 생각하게 될 것입니다. 이때 부모에게 인정받은 부분만 시민권을 획득한 '나 자신'이 되고, 부모가 인정하지 않은 부분은 '내가 아닌 것'이므로 받아들여지지 않은 채 '나'의 외부에 '극복해야 할 결점'으로 남게 됩니다.

'나'의 분열을 유아기 때부터 경험해온 아이는 성장한 후 자신의 존재를 전체로서 경험하는 데 어려움을 느끼게 될 겁니다.

그러다 보면 어느새 '나다운 나'와 '나답지 않은 나'가 무의식적으로 분리되어, 가장 나다운 나만이 나이고 나답지 않은 나는 좋게 말해 단순한 도구, 나쁘게 말하면 자아실현의 방해자로 인식하게 되지는 않을까요? (아마도 아이는 '낮잠을 좋아한다'는 점을 내가 나이게 하는 것을 방해하는 결점으로 받아들이지, 나의 개성으로 분류하지는 않을 겁니다.)

그런데 말이지요, 내 안의 이런 점은 '나다운'데, 이런 점은 '나답

힘만 조금 뺐을 뿐인데

지 않다'고 잘라내도 되는 건가요? 애초에 그런 일이 가능합니까?

만약 내 안의 국부적인 욕망만을 우선적으로 배려하고 그 외의 모든 요소는 그것에 봉사하기 위해 '멸사봉공滅私奉公'해야 한다면, '나'라는 존재에게 그것은 일종의 전체주의일 것입니다. 일종의 독재체제이지요.

그러나 요즘 젊은이들은 아무리 둘러봐도 그런 식으로 비관용적이고 배타적인 방법으로 '나'라는 시스템을 구성하지 않는 사람들이 없는 듯합니다. 미디어는 그들이 타자에 대해 비관용적이고 배타적인 듯이 그리고 있지만, 나는 오히려 그들 안의 자기답지 않은 부분에 대한 비관용성과 배타성이 더 강하게 느껴집니다.

'나'란 본래 훨씬 더 광활하고, 훨씬 더 개방적인 것 아니었던가요?

한번 잘 생각해보십시오.

행복하게 살기 위해서는 우선 가정이 화목해야 하고, 집단 내에서 어느 정도 존경을 받아야 하고, 믿을 수 있는 친한 친구가 있어야 하고, 보듬어주는 연인이 있어야 하고, 사회가 평화로워야 하고, 화폐가치가 안정되어 있어야 하고, 국제사회의 대화가 원활해야 하고, 에코 시스템이 유지되어야 하고 ……. 본래 특정한 행복의 조건이라는 것은 이렇게 외부를 향할수록 점점 커지기 마련입니다.

그렇지 않으면 행복해질 수 없으니까요. 아무리 화목한 가족과 연인이 있어도 핵전쟁이 시작되거나 지구 생태계가 붕괴된다면 더 이상 행복할 수 없습니다. 그렇지 않습니까?

홉스와 로크가 시민사회에 관한 저서를 집필하면서 근대 시민들에게 '이기적으로 행동할 것'을 주문한 이유는 사람들이 자신의 행복을 **이기적으로** 추구하고자 하면, 결과적으로는 반드시 자신을 포함한 공동체 전체의 복리를 고려할 수밖에 없다고 생각했기 때문입니다. 이기적인 사람은 필연적으로 가족과 친구들의 행복을 고려하고 공동체의 규범을 존중하며 세계 평화를 바랄 것이라고 여긴 것입니다. 그래서 두 사람은 공통적으로 개인이 이기적으로 행동함으로써 자기의 이익을 최대화할 수 있도록 노력하는 자세를 공동체의 기초라고 보았습니다.

문제는 이기주의가 본래의 의미를 잃어가고 있다는 점입니다.

이로운 것은 '자기'가 아니라, '자기'를 구성하는 극히 일부의 국소적 쾌감과 환상적 욕망뿐입니다. 그것들이 '자기'의 위치를 점유하고 독재 군주의 자리를 차지하고 있습니다. '자기'를 구성하는 다른 국소적 요소에 대해 이렇게 협소한 '자기'에게 온 힘을 다해 '봉사하라'고 명령하고 있습니다.

'짜증 나서' 사람을 죽이는 젊은이나 일시적 향락을 위해 매매춘과 마약에 빠지는 젊은이는 '이기적'인 것이 아닙니다. '자기'가 축소되어 있을 따름입니다. '자기중심적'인 것이 아닙니다. '자기'가 거의 모두 사라진 상태입니다.

그래서 나는 대학생들에게 '가장 이기적으로 행동하라'고 말합니다.

여기서 말하는 '자기[己]'란, 순간적인 정욕이나 분노나 증오를 말하는 것이 아닙니다. 물론 그런 것들도 포함되지만, 그 외의 무수한 요소를 포괄하는 개방적인 시스템을 가리킵니다. 그 시스템을 어떻게 균형 잡힌 방법으로 구축할 수 있을 것인지가 관건입니다.

하지만 이런 사정을 널리 알리는 사람은 놀라울 정도로 드뭅니다.

중년의 꼰대는 어떻게 탄생하는가

'인간의 몸과 마음에는 한계가 없다'는 것이 현대인이 갖기 쉬운 오해라는 사실을 앞서 말씀드렸는데, '불쾌한 인간관계를 참는 것'을 능력이라고 믿는 태도는 그중 가장 위험합니다.

이런 경향은 젊은이들을 비롯해 성별을 불문하고 모든 연령대에서 찾아볼 수 있습니다.

하지만 내 눈에는 '불쾌한 인간관계를 참는' 내성은 유해하고 수명을 단축시키는 방향으로 작용할 뿐입니다.

왜 신경을 긁는 사람에게서 도망치려 하지 않고 이상하게도 더 노력하려고 할까요? 그 이유를 생각해봅시다.

어떤 이가 불쾌한 사람이라는 것을 알면, 가청음역을 넘는 저주파가 수면을 방해하듯이 불쾌감이 '보디블로'(얼굴이나 다리가 아닌 복부를 강타하는 복싱 기술. 바로 녹다운 되는 경우는 드물지만 가격한 상대의 체력을 조금씩 빼앗는 효과가 있다고 알려져 있다 — 옮긴이)처럼 서서히 번지기

힘만 조금 뺐을 뿐인데

시작합니다. 그리고 몸과 마음이 점점 힘들어집니다.

그럼에도 불구하고 노력하는 사람이 있습니다. 마음 어딘가에 '불쾌한 인간관계를 참는 것은 좋은 것'이라는 착각이 있기 때문입니다.

조금 전 금세 짜증이 나는 젊은이 이야기를 했는데, 사실 짜증을 잘 내는 사람과 '불쾌한 사람을 얼마든지 참을 수 있는' 사람은 정반대인 듯해도 정신적 구조는 동일합니다.

따돌림을 당하면서도 친구들에게 매달리는 중학생, 집에서도 이혼한 것과 다름없이 말없이 사는 중년 부부, 바보 같은 상사에게 혹사당하는 샐러리맨……. 그들의 정신은 '짜증 내는' 젊은이와 본질적으로 똑같습니다.

양쪽 다 '자기'가 극단적으로 축소되어 있는 것이지요.

짜증 난 젊은이의 경우 '짜증'이 자기의 중심에서 '왕좌'를 점령하고 있습니다. 그 밖의 자원은 오직 '짜증'의 해소를 위해 봉사할 것을 강요받습니다.

참는 사람의 경우에는 '참는 것'이 자기의 중심에 있습니다. 그 외의 모든 것은 '참기' 위해 동원됩니다. 시간도, 에너지도, 애정도, 논리적 사고력도, 상상력도……. 모든 자원이 깡그리 '참는 것'에 탕진됩니다. '참는 사람'은 워낙 참고 있기 때문에 그저 멍하니 있어서는 견딜 수가 없습니다. 무언가 대의명분이 필요합니다. '이건 일시적인 방편이야'라든가, '더 큰 목적을 달성하기 위해 잠시 돌아가는 거야'라든가.

물론 이런 말들로 아무리 핑계를 대봐야 사람의 내성에는 한계가 있기 때문에 늘 그를 따라다니는 불쾌함은 결국 신체에 축적됩니다. 머리카락이 빠지고, 이가 아프고, 주름이 늘고, 복부에 지방이 끼고, 코털이 삐져나오고, 눈이 침침해집니다. 그렇게 전신이 '위험신호'를 내보내도 '참는 사람'은 그 신호를 알아채지 못합니다. '이상하게 요즘 컨디션이 안 좋네' 하고 생각할 뿐입니다.

거듭 말씀드리지만 인간이 사용할 수 있는 심신의 자원은 '유한' 합니다. 한도를 넘어 사용하면 반드시 시스템 전체에 영향을 미치고 가장 약한 부분부터 나빠지기 시작합니다.

'불쾌한 인간관계를 견디는 것'은 인간이 받는 정신적 타격 가운데 가장 파괴적인 요인 중 하나입니다. 그런 관계라면 반드시 가능한 한 빨리 도망쳐야 합니다.

그러나 그 전까지 화목한 가정을 만드는 것, 존경받는 사회적 위치에 오르는 것, 믿을 수 있는 친구를 사귀는 것, 세심한 애정을 주고받는 연인을 얻는 것이 불가능했던 사람—말하자면 '진정한 의미에서 이기적으로 행동하는 것'을 게을리한 사람—에게는 '도망칠 곳'이 없습니다.

도망칠 곳을 찾지 못해 불쾌한 인간관계 속에 그대로 주저앉아 있는 동안, 기어코 '견디는 것' 자체가 목적이 되고 '견디면서' 자기 존재를 증명하는 사람으로 굳어집니다.

세상이 말하는 '중년의 꼰대'는 바로 '견디는' 자세가 극적으로 인격화된 사람이라고 해도 무방합니다.

회사에서 상사의 욕설을 견디고, 부하의 막말을 참고, 클라이언트의 안하무인도 참고, 만원 전철을 타야 하는 장거리 출퇴근을 참고, 무뚝뚝한 아내의 얼굴을 참고, 아이들의 침묵이 주는 경멸을 참고, 거액의 대출금을 참고, 닳아버린 양복 팔꿈치를 참고, 치질의 고통을 참고⋯⋯. 이렇게 온몸이 인내로 둘러싸인 이들이 '중년의 꼰대'라는 존재입니다.

이렇게 된 데는 아마도 어느 시점에서 첫 단추가 잘못 채워졌기 때문일 겁니다.

인생의 어느 단계에서(아마도 상당히 일찍부터) 불쾌한 인간관계를 견디고 있는 자신을 '허용'했든가, 아니면 '자랑스러워'했든가, 어쨌든 '인정'해버린 것입니다. 그리고 그 후에 '불쾌함을 견디는' 것을 자신의 그릇이 크다는 사실을 나타내는 지표 또는 인간적 성숙의 증거라는 식으로 합리화해버린 것입니다.

게가 자기 등딱지에 맞춰 구멍을 파듯이 사람은 스스로 만든 패턴에 맞춰 불행을 불러들입니다. '불쾌함을 견디는 나'를 '그릇이 큰 사람'이라고 착각하면 그때부터 '꼰대가 되는 길'은 탄탄대로입니다. **그런 사람은 불쾌한 인간관계만을 계속 선택하게 됩니다.**

사실이 그렇습니다.

알고 보면 그 사람의 직장 상사도 부하도 '꽤 괜찮은 사람'일 수 있습니다. 하지만 이 '꼰대'가 워낙 느낌이 별로다 보니(타인과 무조건 '불쾌한 인간관계'를 맺으려고 안달이 난 사람이니 느낌이 별로일 수밖에요), 자기도 모르게 이 사람에 대해서는 트집을 잡기도 하고 반항도 하게 됩니다.

가족들도 원래는 착한 사람들이지만 '꼰대'가 집에만 오면 항상 무뚝뚝한 얼굴을 하고 있으니 웃다가도 얼굴이 굳어버리고 맙니다.

하지만 그는 자기가 불쾌한 인간관계의 원인이라는 사실을 모릅니다. 왜 자신의 주변에는 재수 없는 사람들밖에 없는지 한탄하며 가끔 홧김에 술잔을 꺾는 수준입니다.

그러나 이것은 '꼰대'만의 이야기가 아닙니다. 성별이나 연령과는 무관하게 '불쾌한 인간관계를 견디는' 스스로를 한 번이라도 합리화하고 그런 방식에 의미를 부여하게 된 사람은 이후의 삶에서 반복적으로 불쾌한 인간관계를 견디는 방식을 선택하게 됩니다.

　　　　　　　　　　　　　　힘만 조금 뺐을 뿐인데

'꼰대'는 왜 그렇게 되어버렸을까요?

다른 거의 모든 경우와 비슷하게 처음에는 아마도 부모와의 관계가 원인이었겠지요.

부모와 자녀 사이의 관계는 결코 평탄하게 유지되지 않습니다. 거의 확실히 그렇습니다.

사춘기에는 반드시 아이와 부모 사이에 갈등이 발생합니다. 그것은 유전적으로 새겨져 있는 일종의 '본능'과 같은 것입니다. 갈등을 계기로 부모는 '아이와 정을 떼고', 아이는 '부모에게서 독립'하게 되므로, 특정한 시기에 부모와 자식이 서로 으르렁대는 일은 필요하며 중요합니다.

기시다 슈(일본의 심리학자, 정신분석학자. 1980년대 베스트셀러 저서인『게으름뱅이 학자, 정신분석을 말하다』에서 "인류만이 역사를 가지게 된 것은 인류가 그 생물학적 본능에 따라서는 생존할 수 없기 때문이다. 본능이 무너진 인류는 자연적인 현실과의 밀접한 접촉을 잃어버렸다"고 쓰고 있다 — 옮긴이) 이래 '인간의 본능은 무너졌다'는 테제(원래는 '하나의 계기'를 뜻하는 헤겔 철학의 용어로 흔히 정립, 방향, 방침 등으로 번역된다. 특정한 긍정적 주장에 대응하는 특정한 부정적 주장을 안티테제라고 한다 — 옮긴이)가 알려졌지만, 기시다도 '무너졌다'고 했을 뿐 '없다'고는 하지 않았다는 점을 주의해야 합니다. 단편적으로는 본능에서 비롯된 충동이 인간에게 남아 있다는 뜻입니다.

그러므로 사춘기의 자녀와 부모 사이에 갈등이 찾아오면 '아, 드디어 이 시기가 왔구나' 하고 바로 떨어져 살면 됩니다. 본래 자녀들의 독립을 재촉하기 위한 본능이니 말입니다.

하지만 대부분의 가정에서는 부모 자식 간의 갈등을 '불쾌한 인간관계'라는 사회적 수준에서 바라보는 우를 범합니다.

그리고 이 '불쾌한 인간관계'를 견디는 것이 부모와 자녀가 서로 자신의 그릇을 키우고 성숙하기 위해 필요하다는, 완전히 틀린 방향으로 생각이 나아갑니다.

나는 이 지점에서 단추가 처음 잘못 채워진 것이 아닐까 생각합니다.

부모는 무언의 식탁, 아이의 늦은 귀가, 요란스러운 음악, 마음에 안 드는 복장을 '참습니다'.

마음에 안 드는 것은 당연합니다.

왜냐하면 아이는 부모의 화를 돋우기 위해 그렇게 하고 있으니까

힘만 조금 뺐을 뿐인데

요. 일부러 부모에게 혼날 것 같은 시간에 귀가하고, 일부러 부모가 가장 싫어하는 장르의 음악을 틀고, 일부러 부모가 보면 졸도할 것 같은 옷만 골라 입으니까요. 이걸 참을 수 있다는 것은 부모가 여간 둔감하지 않고서야 어려운 일입니다.

실제로 부모는 이 불쾌함을 견디기 위해 **의도적으로 둔감한 사람이 됩니다**. 아이 쪽에서 보내는 '부모를 불쾌하게 하는 메시지'를 일부러 놓치고 애써 못 들은 척하면서 커뮤니케이션 경로를 차단하는 방식으로 반격합니다. 아이는 당연히 '불쾌한 어필'의 강도를 더욱 높일 테니, 결과적으로는 '어지간히 불량한 아이'와 '어지간히 둔감한 부모'라는 훌륭한 한 쌍이 탄생합니다.

부모는 아이가 자신들의 품을 떠나려고 하는 시기가 오면 참아서는 안 됩니다.

부모가 참을 수 없을 만큼 일부러 다양한 시도를 보여주는 녀석이니 아이의 노력을 가상하게 봐주어야 하지 않겠습니까?

부모가 '아, 정말 싫다. 이제는 못 참겠어' 하고 생각하듯이 아이도 '본능적으로' 행동하고 있으니까요. 솔직하게 "더 이상은 못 참겠다"고 말하면 그만입니다.

"나가버려!"라고요.

"돈은 얼마든지 줄 테니 다시는 내 앞에 얼굴 들이밀지 마라!" 하고 말하면 그만입니다.

그것이야말로 아이가 간절하게 원하는 말이니까요. 부모가 줄 수 있는 최고의 선물이 바로 그 말이니까요.

그러나 세상의 부모들 중 99퍼센트가 애써 이런 '본능적' 대응을 하지 않습니다. 왜인지 본능을 거슬러 일단 '참고' 봅니다. 생각해보세요. '참는 것'이야말로 그릇이 큰 사람임을 보여주는 증거라는 잘못된 생각을, 아이를 갖기 이전부터(어렸을 적, 취직했을 때, 결혼한 다음에 등등) 자기 안에 각인시키며 살아온 사람들입니다.

이 부모들은 둔감하게도 아이가 보내는 신호를 계속 무시하는 것을 '인간적 성숙의 증거' 또는 '부모의 깊은 사랑의 증거'라고 착각합니다.

이것이 바로 비극의 시작입니다.

아이 입장에서는 그런 식의 대접을 정말 참을 수가 없습니다. 집을 나가고 싶어도 부모의 동의와 협조 없이 사춘기의 아이는 집을 나갈 수가 없습니다(나가도 되지만 갑자기 성매매에 뛰어들거나 파친코에서 숙식하는 종업원 생활을 하는 식으로 '리얼'한 인생을 살기도 힘들 테니 말이지요). 하는 수 없이 무언가 이유를 만들어 집을 나갈 수 있게 되기까지(대학에 입학한다거나 취직한다거나) 몇 년 혹은 운이 나쁘면 10년 넘는 세월 동안 아이도 계속해서 '참아야만' 합니다.

어찌 됐든 그렇게 가정은 '모두가 모두를 참는' 곳, 늘 꿍한 표정을 한 사람들이 들락날락하는 곳이 됩니다.

'참는 것', '불쾌한 인간관계를 견디는 것'을 인격의 핵심이라고 보는 사람들이 낳은 세대는 바로 이런 가정의 산물입니다. 너무도 불행한 재생산이라고 할 수밖에요.

나는 참는 성격의 사람이 못 됩니다.

사춘기가 와서 부모님과 갈등이 일어날 조짐이 보이자 바로 가출을 해버렸습니다.

우치다가家 식구들은 대체로 사이가 좋았지만, 언제부턴가 아버지와는 왠지 모르게 대화가 잘 통하지 않는다고 느껴져서 '그러면 집을 나가자' 하고 결정했습니다. 아버지와 다투었다거나, 무언의 식탁에서 점점 더 무거워지는 공기에 숨이 막혀올 때 "조용히 하지 못해?" 또는 "뭐라고? 어디서 말대답이야?" 같은 말이 오가는 극적인 광경이 펼쳐진 것은 아닙니다.

어쩐지 말수가 줄었고, 부모님과의 대화가 점점 잘되지 않았던 것뿐입니다. 그때까지만 해도 아버지의 말씀을 듣는 일이 전혀 고통스럽지 않았는데, 어느 시기를 정점으로 '가르치려고 드는' 아버지의 말이 갑자기 듣기 싫어졌습니다. 한편 아버지도 그 전까지는 내 이야기를 아주 재미있게 들어주셨지만, 내가 고등학교에서 배워온 새로운 지식이나 새로운 개념을 피력하게 되니 유쾌하지 않은 얼굴로 응하게 되셨습니다.

'어? 말이 잘 통하지 않네' 하는 생각이 들자 여름방학 동안 아르바이트로 돈을 모아 아파트를 빌려놓고 어느 일요일에 용달차를 부른 다음 "자, 그럼 실례하겠습니다" 하고 인사한 뒤 그대로 집을 나와 내친김에 학교도 그만둬 버렸습니다.

우치다가의 식구들은 상당히 놀란 모양이었습니다.

하지만 결국 나의 가출은 반년 정도 만에(먹고살 수가 없어서) 실패했고, 너덜너덜 초라한 꼴로 "죄송합니다"라는 말과 함께 집으로 돌아갔습니다. 한동안 방구석에 처박혀 두문불출하다가 대입자격 검정고시를 치르고 열아홉 살 때 대학에 합격하면서 입학 수속도 마치지 않은 채 고마바 캠퍼스(도쿄 대학 캠퍼스 중 하나로 주로 1~2학년의 기초교양 학문을 전담한다 — 옮긴이) 기숙사로 도망치듯 들어간 이래, 두 번 다시는 집에 돌아가지 않았습니다.

다시 생각해봐도 부모님과 특별히 사이가 나쁜 건 아니었습니다. 가족과 절연하고 싶어서 가출한 것도 아니었습니다. 그대로 있으면 참게 되고, 참는 것은 몸에 좋지 않다는 것을 직감으로 알았기 때문에 바로 집을 나왔던 겁니다.

그래서 나는 부모님과의 '갈등'이라는 것을 경험해본 적이 없습니다. 어릴 때는 부모님을 사랑하고 존경했고, 사춘기가 되어 '어라? 뭔가 다른데?' 하는 생각이 들자마자 집을 나가버렸으니, 아버지를 향한 존경심이 점점 무너져 이윽고 증오로 바뀌는 등의 드라마틱한 전개는 전혀 없었습니다.

그렇게 '본능적'으로 행동한 덕분에 그 후 나는 부모님과 계속해서 친밀하게 지낼 수 있었습니다. 그렇게 자주 만나지는 않지만, 만나면 서로 웃는 얼굴로 다정하게 이야기를 나누었습니다.

힘만 조금 뺐을 뿐인데

유년 시절, 인생 최초로 '참는다/참지 않는다'를 선택하는 자리에서 '참지 않는다' 쪽을 선택한 덕분에 나는 그 후로도 일관성 있게 참지 않는 길을 선택해왔습니다. 대개 이런 일은 첫 선택이 먼 훗날의 방향을 결정해버리기 마련입니다.

불쾌한 인간관계를 견디는 일은, 그러므로 나의 경우, 거의 없었습니다. 젊었을 때에는 그래도 가끔씩 거드름 피우는 꼰대에게 설교를 듣는 일도 있었지만, 참는 동안 팔에 발진이 일어났습니다. 아무리 그래도 발진이 일어날 정도면 상대방도 깜짝 놀라기 때문에 "몸이 안 좋아서 실례하겠습니다"라는 말도 변명처럼 들리지는 않았습니다. 그렇게 불쾌한 자리에서는 뒤도 돌아보지 않고 도망쳤습니다. 번역 회사에서 영업을 뛰던 시절에도 업무 관계로 만나는 사람이 자기 자랑을 늘어놓기에 '기분 나쁜 자식이군' 하고 생각하는 동안 팔뚝에 또 발진이 돋아 "열이 나서 이만"이라고 말하고 그 자리에서 도망친 적도 있습니다.

불쾌한 인간관계를 참고 있으면 생명 에너지가 점점 고갈되어갑니다. 나는 그것을 확실히 느낄 수 있습니다. 그래서 학생들에게도 불쾌한 인간관계는 참는 게 아니라고 평소 누누이 가르치고 있지만 좀처럼 이해를 못 하더군요.

그러고 보니 얼마 전 읽은 책에 변호사와 정신과 의사는 작가나 화가에 비해 노화 속도가 빠르다는 내용이 실려 있었습니다. 변호사와 정신과 의사는 다른 사람의 이야기를 잠자코 들어야 하는 직업이기 때문입니다. 상당히 일리 있는 말이 아닌가 합니다. 변호사는 '잘은 모르겠지만 이 자식이 진짜 범인 같은데' 하고 내심 생각하면서도 직업상 그 사람의 이야기를 믿어야 합니다. 정신과 의사도 인내력이 필요하다고 하고요. 인간관계에서 무언가를 참고 견디면 그것만으로도 생명력을 소모하는 겁니다. 정말로요.

—2장—

우리는 무엇을
위해서 일하는가

리스크를 감수한다는 것 〰〰

시장의 좋은 점은 **원칙적으로** 품질이 좋은 상품을 합리적인 가격으로 제공하면 높은 평가를 받을 수 있다는 것입니다.

어떤 비즈니스 모델을 창출할 때 그 모델이 맞는지 틀린지 검증하기까지의 속도도 대단히 빠릅니다. 시장이 바로 답을 내놓으니까요. 실패했을 때 '내가 맞고 시장이 틀렸다'고 단언해도 지장은 없습니다. 다만 그런 사람은 비즈니스 세계를 떠나는 게 맞습니다.

인간이 살아가는 가운데 비즈니스만큼 알기 쉬운 게임도 없습니다.

어리석은 사람과 똑똑한 사람이 비즈니스를 하면 반드시 똑똑한 사람이 성공합니다. 정직한 사람과 부정직한 사람이 비즈니스를 하면 반드시 정직한 사람이 성공합니다. 클라이언트의 이익을 우선적으로 배려하는 사람과 자신의 이익을 우선적으로 고려하는 사람이 비즈니스를 하면 반드시 클라이언트를 배려하는 사람이 성공

합니다.

그런 점에서 비즈니스는 다른 어떤 종류의 인간 활동보다도 '합리적인' 세계라고 할 수 있을 겁니다.

모르시는 분들이 많지만, 비즈니스를 하는 즐거움은 돈을 버는 데 있는 것이 아니라 무언가 새로운 것을 하면 바로 그 결과가 나타나는 '빠른 반응 속도'에 있습니다. 비즈니스는 전원이 '시장은 틀리지 않는다'는 하나의 규칙에 동의했다는 전제하에 참여하는 게임입니다.

다른 인간관계는 이 정도로 쉽지가 않지요.

열심히 노력해도 대가를 받지 못하는 일이 제법 많습니다. 많은 사람이 집에 있는 것보다 회사에 있는 쪽을 좋아하는 것은 당연한 일입니다.

집에서의 인간관계가 비즈니스보다 훨씬 어렵습니다.

어제는 아내에게 이렇게 말했더니 이런 답이 돌아왔습니다. 그런데 오늘 이렇게 말하니 다른 답이 돌아오네요. 작년에는 생일에 이걸 주면 좋아했어요. 올해도 같은 것을 주니 아내는 핏대가 설 만큼 화난 얼굴로 말없이 있다가 가버립니다. 아니, 대관절 속을 알 수가 없잖아…….

비즈니스는 자신이 변화하거나 애쓴 결과가 바로 평가를 받습니다. 자기가 한 일의 품질을 바로 검증할 수 있는 세계입니다.

'비즈니스'는 그런 것입니다.

'노동'은 다릅니다. 비즈니스와 노동은 별개입니다. 둘 다 '일'이라고 부를 수 있지만 다른 것입니다.

지금 대부분의 젊은이들은 '일'이라고 하면 노동밖에 모릅니다.

먹고살 수 있을 정도로 최소한의 노동만 하고 돈을 모아서 좋아하는 것을 즐기며 살고 싶어 합니다. 그렇다면 일하는 건 시간 낭비이고 고역일 겁니다.

그러니 일을 싫어하는 것이 당연합니다.

'일률 시급 750엔'이라는 임금은 인간을 부패시킵니다.

그도 그럴 것이, 모두가 시급 750엔을 받으며 일하고, 다른 사람보다 노력해도 겨우 '다음 달부터 시급 780엔으로 올려줄게' 정도입니다. 매뉴얼화된, 누가 해도 똑같은 일을 떠맡았으니 거기서는 업무의 질을 높이거나 창의적인 방법을 고민해볼 여지가 거의 없습니다. 그래서 근무시간이 긴지, 몇 번 지각을 했는지밖에 차별화할 구석이 없습니다.

할 일은 정해져 있고, 잘해도 딱히 칭찬받지도 못하고, 정해진 대로 하지 않으면 한 소리 듣는 것이 노동입니다. 그건 비즈니스가 아닙니다.

이런 이야기를 하면 발끈할 사람들도 있겠지만 내 경험으로 미루어보아도 '노동'인 아르바이트에서는 시급 외에는 아무것도 얻을 것이 없습니다. 매뉴얼이 제대로 갖춰져 있는 아르바이트의 경우 10년을 일하더라도 짐작건대 그 일 덕분에 사회생활의 스킬을

몸으로 익힌다든가 인간적으로 성장한다든가 하는 일은 기대할 수 없을 것입니다.

패스트푸드점 또는 편의점 업계의 시스템을 파악하거나 더러운 이면을 알게 되는 정도의 정보는 얻을지 몰라도 그것이 인간적 성장을 도울 만큼 가치가 있기는 힘들 것입니다.

그런 일은 비즈니스가 아니기 때문입니다.

노동이지만 비즈니스는 아니지요.

인간이 능력을 인정받고, 노력에 답이 오고, 재능이 높은 평가를 받는 장場은 비즈니스뿐입니다.

인간적으로 좋은 자질을 지닌 사람이라면 반드시 좋은 평가를 받는 시장 또는 현장에 꼭 한번 몸담을 필요가 있습니다. 자신이 한 일에 대해 제대로 된 반응이 돌아오는 환경 말입니다.

기업의 규모, 자본금 같은 것과는 관계없습니다.

그렇다면 비즈니스와 노동의 차이는 어디에 있을까요? 바로 '리스크'와 '책임'에 있다는 사실을 아실 수 있을 겁니다.

비즈니스에서는 리스크를 감수하는 사람이 결정을 내립니다.

'의사결정'과 '위험 감수'는 이름만 다르지 사실은 같습니다.

위험을 감수하는 대신 결정권을 얻어 일이 성공하면 보수를 얻습니다. 실패하면 책임을 져야 합니다.

간단한 이야기입니다.

"제가 책임질 수 있는 범위 내에서 리스크는 감수하겠습니다"라고 말하면 그 범위 내에서 '그 건에 관해서는 네가 결정해도 된다'고 맡깁니다. 그렇게 의사결정을 하고, 결정한 일이 잘 진행된 경우에는 다음 기회에 리스크를 감수할 수 있는 범위가 넓어집니다.

"이번에는 리스크를 여기까지 감수하겠습니다" 하고 말하는 대신 이전보다 중요한 결정권을 교부받습니다.

위험을 감수하는 범위가 넓어지면 결정권을 행사할 수 있는 범위가 넓어집니다.

단순한 이야기입니다.

그런데 이 단순한 이야기가 실은 매우 복잡합니다.

여기까지 읽고 이미 눈치채신 분들도 있겠지만 훌륭한 비즈니스맨은 '리스크를 감수한다'고 말하는 반면, 평범한 샐러리맨은 '리스크를 짊어진다'고 말하기 때문입니다.

'리스크라는 것은 불가피하게 짊어지는 것'이라고 생각하는 사람은 리스크를 되도록 회피하려고 합니다.

물론 리스크를 회피할 수는 있지만, 리스크를 감수하지 않는 사람은 동시에 결정권까지 회피하게 되는 셈입니다. 그런 사람들은 비즈니스에 참여할 수 없습니다.

'내가 리스크를 감수하겠다'고 말한 사람이 그 비즈니스에 관한 결정권을 가지고 리더가 되는 것입니다. '리스크를 짊어지고 싶지 않다'고 말하며 감수를 기피하고 결정권을 타인에게 양도한 사람은 노동을 담당할 수밖에 없습니다.

비즈니스와 노동의 차이는, 그러므로 정규직인지 비정규직인지의 차이도, 시급과 직위의 격차도, 자본금 규모의 차이도 아닙니다. 그 사람이 '리스크를 감수하는' 결단을 내릴 수 있는지가 관건입니다.

비서나 가족이 뇌물을 수수한 것이 발각되었을 때 정치가들이 '나는 전혀 모르는 일이다'라고 말하며 자신의 결백을 주장하는 것을 보고 우리는 비겁하다는 인상을 받습니다. 우리가 받은 인상이 맞습니다.

그 정치가는 위험 감수를 거부함으로써 비서나 가족을 컨트롤하지 못할 정도로 무능한 인간이라는 사실을 스스로 만천하에 알린 셈입니다. 일본 사회에는 당사자 능력이 없는 사람에게는 책임을 요구하지 않는다는 원칙이 있습니다. 따라서 우리는 그 원칙을 적용해 그 정치가에게 '당사자 능력이 없는, 곤란한 상황에 처한 사람'이라는 이유로 면죄부를 줄 수 있습니다. 면죄부를 준 후에 '비서나 가족이 저지른 비리의 책임조차 감수하려 하지 않는 사람이 어떻게 국민을 대신해 국정을 책임질 수 있겠는가?'라는 생각에 속상해하겠지요.

경영이 파탄에 이른 기업이나 비리를 일으킨 경영자 역시 스스로 사태를 책임지지 않고 '재직 중에 알려지지만 않으면 된다'며 책임을 미루고 리스크 감수를 거부한 사람들입니다.

우리가 '이런 사람들에게 결정권을 맡기고 싶지 않다'는 인상을

힘만 조금 뺐을 뿐인데

갖게 되는 것은 한마디로 리스크를 감수하지 않는 사람들이기 때문입니다. 리스크를 감수하지 않고 결정권만 원하는 교활한 인물들이 사회의 높은 자리에 줄줄이 서식하고 있다는 사실에 우리는 암담해집니다.

리스크는 사업가뿐만 아니라 사회인 대부분에게 기피해야 할 대상이 아니라 오히려 환영해야 할 대상입니다. 모험심을 가지라든가 벤처 정신이 중요하다든가 하는 로맨틱한 스토리가 아니더라도 매우 일상적이고 중요한 '인간으로서의 기본'과 관련되어 있습니다.

노동에 열중하는 사람들에게 이런 말씀을 드리고 싶습니다. 리스크가 없는 곳에 결정권은 없으며, 결정권이 없는 사람은 책임을 질 수도 없고, 책임을 지지 않는 사람은 '신의' 위에서 성립되는 사회적 관계에 앞으로도 공헌할 수가 없다고 말입니다.

≋ 성공과 실패로 모든 것을 나누는 비열함

인큐베이션 비즈니스, 즉 벤처기업을 설립한 젊은 사람들을 위해 자본을 모아 매칭해주는 사업을 하는 지인이 있습니다. 그에게는 자금을 대지 않는 절대적인 기준이 하나 있습니다. '사회적 승자/패자'라는 말을 쓰는 사람에게는 돈을 빌려주지 않는다는 것입니다. 젊은 사람이 그렇게 승패를 가르는 사고방식에 젖어 있어서는 결코 비즈니스에서 성공하지 못한다는 것이 그의 경험에서 비롯된 원칙입니다.

벤처 정신을 생각할 때 일본과 미국의 문화적 토양은 상당히 다릅니다. 미국인들 중 성공하고 싶다는 사람에게 '그건 비열한 짓이다'라고 말하는 사람은 없습니다. 그러나 일본에서는 '성공해서 승자가 되고 싶다'라고 하면 경박한 느낌이 듭니다. 나는 이 '경박한 느낌이 든다'를 아는 감수성이 상당히 중요하다고 봅니다.

벤처기업가와 투자자를 연결하는 데에는 근본적으로 모순이 존

힘만 조금 뺐을 뿐인데

재합니다. 정말로 실력이 있는 기업가의 대부분은 투자받는 것을 싫어하는 사람들이기 때문입니다. 벤처기업가는 자립을 무엇보다도 중시하는 사람들로, 얼마간의 투자를 받아 단기적으로 이익을 냈다고 해서 경영 방침에 간섭을 당한다면 빈곤한 현실에 안주하는 편이 낫다고 여기는 사람들입니다. 그런 근성 있는 사람들이 진정한 의미로 보면 장래성이 있지만, 그들은 대개 경영에 개입하는 투자는 원하지 않습니다.

오늘날의 사회적 활력은 구성원들의 경쟁이나 자아실현의 욕망 같은 것을 담보로 하고 있지만, 경쟁 원리는 어딘가에서 마침내 무너지는 시기가 올 것입니다. 살벌하겠지요.

미국 기업의 모럴 해저드를 보면 아시겠지만 사회적으로 지위가 높은 사람이 결코 도덕성이 높은 사람은 아닙니다. 한편 경쟁에서 탈락한 사람들은 '나는 패자'라며 마음의 상처를 입게 됩니다. 이 사회에서 자신은 불필요한 사람이라고 말입니다. 그런 사람들을 조직적으로 배출하는 상황은 사회 전체에 결코 바람직한 일이 아닙니다.

그런 경쟁 원리를 '세계 표준'이라고 착각하는 사람들이 너무 많습니다. 지식인으로 불리는 사람들 중에도 그 신봉자가 매우 많은 것이 현실입니다. 그런 생각, 이제 슬슬 그만해도 되지 않겠습니까?

≋ 주거니 받거니

도스토옙스키의 『죽음의 집의 기록』에는 극한 고문이라 불러도 과언이 아닌 이야기가 있습니다. 무의미한 노동이 바로 그것입니다. 반나절 걸려 구멍을 파고 반나절 걸려 다시 메우는 것을 반복하는 일을 인간은 견딜 수 없습니다.

그러나 똑같은 노동이라 하더라도, 거기에 타자와의 '주거니 받거니'만 있으면 인간은 살아갈 수 있습니다. 가령 구멍을 파고 메우는 것만 반복하는 작업이라도, 사람이 있고, 함께 팀을 만들어 프로세스를 합리화하거나, 자원을 절약하거나, 이런저런 일을 같이 고민하고 상의하면서 진행한다면 그 과정 자체로 인간은 보람을 발견할 수 있습니다. 나중에 메워버릴 구멍이라도 잘 파기 위해 노력하고, 편하게 메울 수 있는 노하우를 개발해 동료들로부터 존경을 받을 수 있다면, 인간은 그런 일에서도 기쁨을 발견할 수 있습니다.

일에 관해 이야기할 때 잊기 쉬운 점이 바로 이런 것들입니다.

일의 목적은 결과적으로 가치 있는 무언가를 창출하는 것이 아니니까요. 만약 그렇다면 어떤 수단을 써도 괜찮다는 뜻이 됩니다. 일의 목적이 돈을 버는 것이라면 효율적이기만 하면 상관없어야 합니다. 하지만 실제로는 그렇지 않습니다.

인간이 일하기를 원하는 이유는 '커뮤니케이션' 때문입니다. 오직 그것뿐입니다.

자신이 한 일에 대해 긍정적 반응을 얻으면 어떤 노동도 즐거워집니다. 인간에게 가장 힘든 상황은 자신의 행위가 어떤 평가도 받지 못하고 어떤 평가의 대상도 되지 못하는 것입니다. 응답이 돌아올 때 인간은 무엇이든지 합니다. 탁구나 테니스는 공이 갔다가 되돌아올 뿐인 스포츠입니다. 하지만 상대가 있어서 즐겁습니다.

어느 사회학자분으로부터 들은 이야기입니다. 옛날에 컴퓨터가 보급되기 시작한 지 얼마 되지 않았을 무렵, 미국에서 '일라이자'라는 소프트웨어가 개발된 적이 있었습니다. '일라이자'는 이쪽에서 뭐라고 메시지를 보내면 답장을 주는 소프트웨어입니다.

'나는 우치다입니다'라고 보내면 '당신은 우치다 씨군요'라고 답장이 돌아오는 것이지요.

'나는 오늘 피곤합니다'라고 보내면 '당신은 오늘 피곤하군요'라고 답해주지요.

일라이자는 새로운 정보를 전달하지 않습니다. 내가 발화한 메시지에 대해 '당신의 메시지를 수신했습니다'라는 메시지를 되돌려

보내는 것뿐입니다. 하지만 이를 신경증 치료에 활용해본 결과 명확한 효과가 있었다고 합니다.

말을 보내고 말을 돌려받는 '주거니 받거니'만으로도 인간은 '버텨낼' 수 있습니다.

즉 '주거니 받거니'를 하는 것이 인간성의 본질이라는 뜻입니다.

그것만 충족된다면 인간은 큰 만족을 느낄 수가 있습니다.

여기서 '주거니 받거니'라는 것은 '교환'을 말합니다.

인간은 교환을 좋아합니다.

미우라 마사시(평론가. 『나라는 현상-동시대를 읽는다』, 『주체의 변용』 등을 썼다—옮긴이)는 네안데르탈인과 크로마뇽인의 차이가 여기에 있다고 쓰고 있습니다.

미우라에 따르면, 산에 살던 인종과 바다에 살던 인종이 물물교환을 시작한 것은 수확물이 남아서가 아니라 교환을 하고 싶었기 때문이라고 합니다. 그래서 넘치게 수확을 했다는 것이지요. 필요한 만큼 재배하고 필요한 만큼 채취했다면 그걸로 족했을 텐데, 교환하는 행위가 즐거워서 더 많이 만들기로 했다는 이야기입니다. 미우라는 그렇게 분업이 생기고 계급이 나타나고 국가가 등장했다고 설명합니다.

이 해석은 교환의 본질을 날카롭게 찌르고 있습니다.

근대의 자본주의는 화폐를 중심으로 움직였으나 마르크스가 주장한 대로 화폐 자체에는 아무런 가치도 없습니다. 유일한 가치는

힘만 조금 **뺐**을 뿐인데

그것을 가지고 가면 무언가와 교환해준다는 점입니다.

교환하는 데에만 쓰이는 것, 그것이 바로 화폐입니다.

그러므로 돈은 모아두는 것이 아닙니다. 쓰는 것입니다.

교환을 통해 재화와 서비스가 계속해서 순환합니다. 재화가 순환하는 것을 보고 있으면 즐겁습니다. 그래서 더욱더 교환합니다.

대화도 마찬가지입니다.

말을 선물로 보내면 말이 돌아옵니다. 그렇게 말이 오가는 가운데 내가 어느 커뮤니케이션 네트워크에 속해 있는지 실감합니다. 내 존재를 승인받고 내가 필요하다는 것을 압니다.

그래서 우리는 대화를 나눕니다.

연인 사이의 대화는 '일라이자'와 신경증 환자의 대화에 비교해도 그다지 다르지 않습니다. 연인들은 "사랑해" "나도 사랑해"라고 끝없이 반복해서 말해도 전혀 질리지 않습니다.

"저기, 네가 나를 사랑하는 건 알았어. 그러니 뭔가 다른 얘기 하지 않을래? 일본 경제의 앞날에 대해 너는 어떻게 생각해?" 하는 식으로 대화하는 연인들에게 행복한 미래가 찾아오리라고 기대하기는 힘들지 않겠습니까?

대화의 본래 목적은 유의미한 정보를 교환하는 데에 있는 것이 아니라, 말을 하는 사람이 이쪽 편에 있고, 그 말을 감사의 마음으로 받아 예를 다해 돌려보내는 사람이 저쪽 편에 있다는 사실을 확인하는 데에 있기 때문입니다.

인류학 용어로 이런 메시지의 교환을 '교화적交話的 기능'이라고 합니다. '교화적 메시지'라는 것은 통화할 때 '여보세요'라고 하듯이 '이 메시지가 당신에게 가 닿고 있나요?'라는 뜻으로 '연락이 성립되었다는 것을 확인하기 위한 메시지'를 말합니다.

언어학자 로만 야콥슨은 『일반 언어학』이라는 저서에서 교화적 기능의 실례로 신혼부부의 대화를 채록하고 있습니다. 여러분이 상상하듯이 이 부부는 서로 같은 말만 반복합니다.

"드디어 도착했네" "도착했네" "풍경이 멋지다" "진짜, 멋진 풍경이네" "기분 좋다" "응, 정말 기분 좋아" ……. 이 대화는 정보 교환을 위한 것이 아닙니다.

'당신으로부터 온 메시지를 한 글자도 놓치지 않고 듣고 있는 사람이 여기 있어요'라는 사실을 알리기 위한 커뮤니케이션인 것입니다. 또한 야콥슨이 약간의 유머를 섞어 인용한 대로, 서로를 가장 사랑하고 서로를 가장 필요로 하는 사람들 사이의 대화에서는 교화적 메시지가 대화의 주축이 된다고 합니다.

이야기가 조금 딴 길로 새고 말았지만, 훌륭한 작가는 이 교화적 메시지를 실로 솜씨 좋게 현실의 문장으로 만들어 작품 사이사이에 끼워 넣습니다. 정경 묘사를 하는 중에 갑자기 독자를 향해 "저기, 당신도 여기서 내 얘기 듣고 있죠?" 하는 느낌을 주는 '눈빛'을 보내는 것이지요.

무라카미 하루키의 『양을 쫓는 모험』의 서두는 주인공(나)이 어

느 여자아이의 장례식에 갔던 일을 담담하게 기술하는 것으로 시작되는데, 그러다 갑자기 '그때 1960년대(원문은 'あの1960年代', 문학사상사 초판에는 '1960년대'로 번역되어 있다 — 옮긴이)'라는 표현이 등장합니다. '그때'라는 원칭遠稱은 어딘가에 '여기'를 상정하지 않으면 나올 수 없는 말입니다. '여기'는 두말할 나위 없이 소설 속 일인칭 화자인 '나'와 지금 소설을 읽고 있는 '너'라는 사람이 '함께 있는' 시점입니다.

나는 몇 번인가 이 소설의 서두를 읽고 '어디쯤'에서 '소설의 바깥'에 있다가 '소설 속' 세상으로 들어가게 되었는지를 더듬어본 적이 있는데, 그건 바로 '그때'라는 지시형용사 부분이었습니다. 다자이 오사무도 교화적 문체의 달인이었던 것을 보면 역시 후대에까지 읽히는 작가는 커뮤니케이션의 본질을 직시하고 있었음을 알 수 있습니다.

〰 우리 세대가 잃어버린 것들

프리터(정규직에 채용되기를 바라지 않고 아르바이트 등 비정규직 일자리로만 수입을 얻어 생활하는 사람들을 일컫는다—옮긴이) 문제가 상당히 심각합니다.

앞서 말한 '노동'에 이어지는 이야기인데, 비즈니스 경험이 없는 젊은이들은 '일한다'는 것을 고역이라고 생각합니다. 고역의 시간이 어느 정도 지났다고 해도 결국엔 역시 고역인 일을 하게 될 것이라고 믿습니다.

지금의 젊은 세대는 고역인 일을 하다 생애를 마치는 노동자가 되기 쉽습니다.

하지만 그것은 당연하다면 당연한 일입니다.

왜냐하면 다들 옆만 보고 있으니까요.

나는 이것을 '편차치적偏差値的 사고'라고 부르고 있습니다.

'편차치'라는 것은 동년배 집단, 동학년 집단 중에 어느 부근에 위치하고 있는지를 나타내는 지표입니다. 이는 절대적인 학력을 나타내는 것이 아닙니다. 따라서 동세대 전체의 학력이 점점 내려갈 때는 편차치로는 알 수가 없습니다.

30년 전의 편차치 70과 현재의 편차치 70은 같은 70이라도 실질적인 내용이 다릅니다. 창의력과 사고력의 기본이 되는 절대 학력은 명백히 저하되고 있고, 당연한 말이지만, 그 안에 있는 사람들은 학력 저하를 눈치채지 못하고 있기 때문입니다.

경쟁하는 사람은 자신의 옆만 봅니다. 위도 아래도 보지 않습니다. 나보다 훨씬 나이 많은 사람이라든가 나이 어린 사람을 부러워하는 일도 없습니다. 나와 동년배의 사람이 내게 없는 것을 가지고 있으면 분합니다. 그렇지만 옆에 줄을 맞춰 서 있는 동년배 집단의 일원 그 누구도 가지고 있지 않은 것은 선망의 대상이 되지 않습니다. 그것은 눈에 들어오지 않습니다. 경쟁은 그런 것입니다.

특정 세대 전체 중에서 아무도 가지고 있지 않은 '무언가'에 대해서는 누구도 알아차리지 못하고 있다는 뜻입니다.

젊은이들 사이에 화제가 되는 것을 보면 점점 사소한 차이에 집중한다는 인상을 받습니다.

TV 프로그램을 봐도 태어난 해가 2, 3년밖에 차이 나지 않는 사람들 사이에서만 통하는 이야기에 이상하리만큼 지나치게 열중하는 광경을 만날 때가 있습니다. 그 세대끼리만 특정한 종류의 그룹을 만들어 그 안에서만 통하는 이야기를 하고 서로의 기준에 맞춰 자신의 태도를 정하는 겁니다. 그런데 이거, 상당히 위험한 일입니다.

화제의 범위를 일부러 좁게 만들어서 세대의 개성을 이끌어내려는 의도일지도 모르겠지만, 결과적으로 커뮤니케이션 능력은 떨어지는 결과를 낳기 때문입니다. 내가 참조할 만한 것을 한정시키는 방향이므로 내 위치를 알려고 할 때 필요한 랜드마크가 거의 사라진 상태입니다. 한마디로 자신이 어디에 있는지 모릅니다.

그런 의미에서 '세대'는 상당히 중요한 개념입니다.

"세대론 같은 건 아무 의미도 없잖아" 하고 말하는 분들도 있지만, 그것은 얕은 소견입니다.

물론 세대 자체에는 큰 의미가 없습니다. 어떤 세대에도 우수한 사람, 열등한 사람, 탁월한 사람, 평범한 사람이 있습니다. 그 비율은 어느 세대든 비슷합니다. 하지만 자신이 특정한 세대에 속해 있다는 '환상'을 품기 시작한 때부터 '세대'는 리얼리티를 가지고 동세대 집단을 조직해나갑니다. 나 혼자 겪은 경험의 의미를, 옆에 있는 '동세대적' 경험 속에 위치시켜 해석하는 현상이 벌어지는 것입니다.

우리 세대는 1960년대에 중·고등학생이었습니다. 지금 돌아보면 그 당시는 '비틀스가 한 세대를 풍미한 시대'라고 불렸습니다. 하지만 내가 확실히 기억하는 한, 내가 다녔던 도쿄의 중학교에서 같은 학년 아이들 중에 실시간으로 비틀스를 들었던 친구는 450명 가운데 겨우 열 명 정도밖에 되지 않았습니다. 내가 직접 각 반을 다니며 "비틀스 아는 사람?"이라고 물어서 다 알아봤기 때문에 틀림

힘만 조금 뺐을 뿐인데

없습니다. 그 열 명을 모아서 〈하드 데이즈 나이트A hard day's night〉
(미국의 영화감독 리처드 레스터가 비틀즈와 그들의 음악을 주인공으로 만든 코
미디 영화—옮긴이)를 보러 갔으니까요.

나머지 친구들은 자니스(일본의 유명 엔터테인먼트 그룹인 자니스에서
처음 데뷔한 남성 아이돌 그룹을 말한다—옮긴이), 후나키 가즈오(가수. '고
교 삼년생'이 대표곡—옮긴이), 사카모토 큐(가수. 대표곡은 '위를 보며 걷자'—
옮긴이)를 들었는데, 팝에 전혀 관심이 없는 친구들이었습니다. 롤
링 스톤스나 킹크스를 듣는 사람이 한 학년에 두세 명 정도인 것이
1964년 도쿄에 살던 중학생의 음악적 수준이었습니다.

그러고 나서 어떻게 되었을까요? 록 음악이 1960년대 청년 문화
의 상징으로 인정받은 '이후에' 같은 학년 친구들이 차례차례 "나는
중학교 때 비틀스에 심취해 있었다"라고 회상하기 시작했습니다.

이건 명백한 위조 기억입니다. 자신이 실시간으로 경험하지 않
은 일을 고유한 경험으로 '떠올리곤 하는' 것이 세대론이 주는 매력
임은 틀림없습니다.

내가 세대론의 유효성을 논하는 지점은 이런 '위조된 공동 기억
(코메모레이션)'이라는 환상의 수준에서입니다.

세대에 관한 오해 가운데 가장 알기 쉬운 사례로 '전후 세대'라는
말이 있습니다. '전후 세대'라고 하면 보통은 '단카이団塊 세대'(2차
세계대전 직후에 태어나 일본의 고도경제 성장기를 경험한 세대를 말한다. 1차 베

이비붐 세대라고도 한다—옮긴이)를 연상시킵니다. 1945년에서 1950년 경 사이에 태어난 사람들이 전후 사회의 주춧돌을 쌓았다고들 말하지요.

그러나 조금 더 생각해보면 알 수 있듯이 '전후 사회'라는 것은 우리 세대가 만든 것이 아닙니다.

전후 일본의 복구를 책임진 세대는 메이지 시대(1868~1912년. 일본의 근대에 해당한다—옮긴이)에 태어난 사람들입니다.

생각해보면 그렇지 않습니까? 나의 부친은 1912년생인데, 패전한 해에 겨우 서른셋이었습니다. 아직 젊은 청년이었지요. 그렇다는 건, 패전 직후의 정치경제, 문화적 활동을 실질적으로 견인한 세대는 메이지 20~30년생들이라는 뜻이 됩니다.

메이지 20년생이라고 하면 나쓰메 소세키의 소설 『산시로三四郎』 (메이지 말기 도쿄의 대학생을 그린 청춘소설—옮긴이)의 주인공 '산시로'와 비슷한 연배의 사람들입니다. 산시로는 패전한 해에 아직 50대였던 겁니다. 지금의 내 나이지요.

소세키가 마흔아홉에 사망했기 때문에 우리는 그가 쓴 소설 속 주인공들 역시 다이쇼 시대(1912~1926년—옮긴이) 안에 생을 마쳤다고 오해하고 있지만, 소세키 역시 살아 있었다면 패전 당시 일흔여덟이었을 겁니다. 지금의 세토우치 자쿠초(소설가. 천태종 승려. 대표작으로는 『화심花芯』, 『여름의 끝』, 『꽃에게 물어라』 등이 있다. 1922년생—옮긴이)나 사토 아이코(소설가. 『혈맥』 등을 썼다. 1923년생—옮긴이)보다 젊습니다.

다들 잊고 있는 사실은 전후의 기적적 복구 사업을 책임졌던 사람들이 소세키가 일본의 미래를 생각하며 쓴 그 유명한 『도련님坊っちゃん』(교사로서 사회에 첫발을 내딛은 '도련님'이 학교 안에서 좌충우돌하는 모습을 그린 소설—옮긴이)과 『산시로』 세대라는 것입니다. 이 세대는 청일·러일전쟁을 비롯해 두 차례의 세계대전에서 살아남아 대공황과 신해혁명, 러시아혁명을 경험했으며 대부분 에도시대(1603~1868년—옮긴이)와 이어지는 유년 시절을 지나 고도성장기를 살았습니다.

그렇게 파란만장한 세대라서 그들은 뿌리부터 리얼리스트입니다. 너무도 많은 환멸을 겪어 쉽게 환상을 믿지 않는 그 세대가 확신범적으로 있는 판돈을 다 걸어 일본에 애써 뿌리내리고자 했던 '환상', 그것이 바로 '전후 민주주의'라고 나는 생각하고 있습니다.

나는 1950년대에 어린아이였기 때문에 그 세대 사람들의 에토스(아리스토텔레스가 파토스, 로고스와 함께 주창한 개념으로, 사회 구성원들이 공통적으로 유지하고 있는 관습, 가치관을 말한다—옮긴이)를 아직 어렴풋이 기억하고 있습니다. 초등학교 선생님과 아버지들의 세대, 즉 그 시절 30, 40대였던 사람들은 거의 모두 참전 경험이 있고, 전장에서 또는 공습으로 가족과 동료를 잃거나 자신도 약탈과 살인의 경험을 안고 있는 사람들입니다. 따라서 '전후 민주주의'는 어떤 의미에서는 그런 '전후 민주주의적인 것'과 극과 극에 있는 듯 보이는 생생한 경험을 한 사람들이 자신들의 악몽을 떨쳐내기 위해 고안해낸 또 하나의 '꿈'이라고 봅니다.

'꿈'이라고 하면 어딘지 모르게 현실적인 근거가 없는 망상처럼 생각될 수도 있겠지만, '전후 민주주의'는 그런 것이 아닐까 싶습니다.

취약하고 처참한 여러 정치적 상황을 겪은 사람들이 그 '트라우마'에서 치유되기 위해 필사적으로 만들어낸 것. 따라서 그것에는 현실적 경험이 뒷받침되어 있습니다. 빈곤과, 고통과, 인간 존엄의 붕괴와, 삶과 죽음의 극한에서 살아남은 기억, 가치관과 체제의 붕괴 등 다양한 경험을 해온 사람들이므로 우리보다 인간에 대한 기본적인 것들을 아마도 훨씬 많이 알고 있었을 것입니다.

인간이 얼마나 외부 압력에 취약한지, 얼마나 부화뇌동하는지, 얼마나 많이 사고가 정지되는지, 얼마나 자주 미래 예측에 실패하는지, 그런 것들을 경험적으로 숙지하고 있었던 겁니다.

전후 일본의 기본 원칙을 만든 것은 바로 그 세대 사람들입니다.

1970년대가 되자 메이지 20년에서 다이쇼 시대에 걸쳐 태어난 세대, 극단적으로 말해 리얼리스트 세대가 일본 사회 일선에서 거의 사라졌습니다. 그러므로 '전후' 세대의 지배가 시작된 시기는 실제로는 그 이후입니다.

확실히 말할 수 있는 것은 전후에 태어난 우리들은 그 세대에 비해 기본적으로 극적인 가치 변동을 경험한 적이 없다는 사실입니다. 굶주린 경험도 없고, 극단적인 빈곤도 모르고, 가족이 학살당한 경험도 없고, 당연히 전쟁터에서 사람을 죽인 경험도 없습니다. 화폐가 종잇조각이 되는 광경을 본 경험도 없습니다. 국가는 어찌 됐든 영토를 효과적으로 유지하고 있었고, 화폐가치는 대체로 안정적이었습니다.

기본적으로 전후 일본을 살던 우리는 그야말로 '안이하게' 길러진 것입니다.

인간의 본성이 여과 없이 드러나는 극단적 현장을 체험해본 적이 없습니다. 1970년대가 되자 진짜 가난도 기아도 모르는 세대가 사회의 핵심을 담당하게 된 셈입니다.

극한까지 노출된 '인간성의 어둠'을 보아버린 경험이 있는지 없는지는 사회와 관계를 맺는 방식에 결정적인 영향을 미칩니다.

'전후 민주주의'라는 말은 매우 안이한 환상처럼 들리지만, 사실 인간의 진정한 어둠을 보아온 사람들이 만들어낸 것입니다. 나는 이것이 그저 '듣기 좋은 말'이라고 생각하지 않습니다. 누구에게도 말할 수 없는 참혹한 경험 속에서 살아 돌아온 사람들이 그에 대한 '보상'의 마음으로, 후대에게만큼은 그런 경험을 물려주지 않겠다는 생각에 만들어낸 '꿈'인 겁니다.

전쟁이 뭔지, 기아가 뭔지, 공황 상태가 뭔지 전혀 알지 못하는 우리 같은 사람들은 인간의 진정한 공포가 무엇인지 모릅니다. 극한 상황에서의 에고이즘이 어떤 것인지, 지휘관이 책임을 지지 않으면 얼마나 파멸적인 사태가 벌어지는지, 누군가 한 사람이 임무를 게을리하는 것이 어느 정도의 재앙을 불러오는지, 그런 것들이 주는 진짜 두려움을 실제로는 알지 못합니다.

유키지루시 식품(2000년 6월부터 7월에 걸쳐 유키지루시 식품의 유제품에 의해 발생한 집단 식중독 사건. 이 사건으로 당시 사장이 사임했다―옮긴이)이나 니혼햄 사태(2001년부터 니혼햄을 비롯한 몇몇 식육 도매업체가 수입 소고기를 일본산 소고기로 허위 신고해 정부로부터 광우병 대책 보조금을 지급받은 사건을 말한다―옮긴이)를 봐도 그렇지 않습니까? 모두 책임을 미룬 결과, 결국 회사가 망했습니다. 누구 하나라도 "이거 아닌 것 같은데요. 그만합시다"라고 말했다면 어떻게든 해결되었을 문제입니다. 내 판단에 책임을 지는 각오가 되어 있는 사람이 한 사람이라도 있다면 그토록 크게 불거지지는 않았을 테고요.

그런 불법행위가 내부에서 일어나고 말았다는 것은 샐러리맨들이 이미 '옆만 보는 사람들' '평시에 너무 익숙해진 사람들'이 되어버렸다는 뜻입니다. 업계에서는 상식이다, 다들 하니까 괜찮을 것이다, 라고 믿는 사람들에게 보이는 '회사의 바깥쪽' 먼 풍경이라고 해봐야 '동종업계 타사'가 최선인 것입니다. 그 뒤편에도 세상이 펼쳐져 있다는 것을 상상하지 못합니다. 동종업자들이 하는 불법행위는 불법행위가 아니라고 믿는다는 것은 업계 바깥에는 '법치국가'가 있고, 법률을 어기면 처벌을 받는다는 당연한 사실이 보이지 않게 되었다는 뜻이지요.

옆만 보는 사람들, 그 업계만이 세상의 전부인 사람들은 자신들이 '더 커다란 네트워크' 안에 있다는 인식이 결여되고 맙니다.

고작 돈 몇 푼을 위해 불법을 저지르는 것은 양심의 문제라기보다는 상상력의 결여가 이유일 수 있습니다. 도덕이 결여되어 있다기보다는 단적으로 말해 머리가 좋지 않은 겁니다.

한 민주당 의원이 얼마 되지 않는 비서의 월급을 횡령해 형사재판을 통해 체포된 일이 있었습니다. 그런데도 그 후에 같은 이유로 쓰지모토 기요미(일본 민주당 소속 국회의원—옮긴이)와 **다나카 마키코**(전 정치가. 외무부 장관, 문부과학성 장관 등을 역임했다. 총리대신을 지낸 다나카 가쿠에이의 딸—옮긴이)가 한때 정치 무대에서 어쩔 수 없이 물러났지요. 이 사람들은 '다들 똑같이 불법을 저지르고 있다'는 것이 불법행위를 정당화하지는 못한다는 당연한 사실을 상상하는 데까지 생각이 미치지 못했습니다.

왜, 자주 있지 않습니까? 속도위반으로 붙잡혔을 때 "다들 위반했는데 왜 나만 잡느냐"고 말하며 화를 내는 운전자 말입니다. 이 사람에게는 자기 옆만 보입니다. 자기와 동류만 보이는 겁니다. 그 점에서는 "왜 나만?"이라고 파고드는 사람은 뇌물을 수수한 정치인과 같은 멘탈을 공유하고 있다고 봅니다.

어느 집단 전원이 불법을 저지르고 있다는 사실이 그 행위를 합법화하지는 않는다는, 이렇게 단순한 이야기를 다시 한번 알려야 한다는 점이 상당히 슬픕니다.

전후 민주주의 이야기에서 잠시 다른 이야기로 새버렸군요.

내가 말하고 싶었던 것은 '어둠을 보아버린 세대'는 훨씬 **시야가 넓다**는 사실입니다. 어느 집단 내에서 통용되는 '로컬적인 상식'이 어느 정도 취약한 기반에 있는지, 우리 조부와 부친 세대는 그런 것들의 위험함을 뼈와 살에 사무치게 알아버린 사람들이었습니다. 그러나 우리는 태어난 뒤 한 번도 자신의 '상식'이 전복되어본 경험이 없습니다. 그 사이에는 상당한 차이가 존재할 것이라는 점을 말하고 싶었습니다.

'전후 민주주의'가 허구라는 것을 잘 알고 있었던 사람들은 아마도 '전후 민주주의'의 기초를 닦은 바로 그 사람들이리라 생각합니다. 그것이 허구에 지나지 않는다는 사실을 그들은 잘 알고 있었습니다. 역사적 배경이 거의 없는 허약한 제도였기 때문에 더더욱 혼신을 다해 그것을 지키려고 했습니다.

우리는 아버지 세대가 만들어낸 허구 속에서 태어나 그 속으로 떨어졌습니다. 그리고 그것을 '자연스러운' 것, 예전부터 계속 있었던 것, 그래서 어느 정도 배신하더라도, 상처 주더라도 훼손되지 않는 것이라고 여기며 성장해왔습니다.

그래서 '시야가 좁다'는 것입니다.

우리가 그 안에 살며 호흡하고 있는 현재의 사회제도가 '불과 얼마 전'에 특정 세대 사람들이 암묵적으로 동의한 발판 위에서 만들어진, 고작 '무대의 배경'에 지나지 않는다는 사실을 느끼지 못하고 있는 것입니다.

우리의 민주주의는 특정 세대가 공동으로 만들어낸 취약한 제도에 불과합니다. 영화의 오픈 세트장처럼 앞면만 지어져 있을 뿐 뒷면에는 아무것도 없습니다. 세트를 지키기 위해서는 그것이 '취약한 제도'라는 점을 충분히 마음속에 새겨야 합니다.

내가 있는 세계(예를 들면 업계라든가)는 어쩌다 보니 나타난 잠정적 제도일 뿐이고, 그것이 발생하기까지는 그 나름의 '전사前史'가 있었으며, 어떠한 역사적 필연성의 요청이 있었기에 출현한 것이고, 역사적 조건이 바뀌면 변화하고, 때가 되면 사라져야 하는 것이라는 당연한 사실을 모르는 사람들이 앞에서 말한 추태를 보입니다.

'전후 민주주의'의 가장 좋은 점은, 사회체제는 구성원의 동의에 따라 만들어진 잠정적 제도에 지나지 않는다는 사회관, 로크와 홉스와 루소가 설명했듯이, '리얼'하고 '쿨'한 사회관이 바탕에 있다는 것이라고 믿습니다.

사회 구성원들이, 자신들이 동의한 제도를 지키기 위해 자신의 '맡은 바'를 다하는 기본적 책임을 잊는다면 사회제도는 더 이상 유지되지 못합니다. 민주주의는 '민주주의를 믿는 척하는' 사람들의 '쿨'한 리얼리즘에서 힘을 받습니다.

'민주주의가 아닌 제도'는 얼마든지 있을 수 있습니다. 구성원들이 민주주의 사회를 '믿는 척하는' 자신의 책무를 잊어버리면 사회는 다른 제도로 손쉽게 이행될 겁니다. 민주주의라는 것은 그것을 알고 있는 사람들의 **공포에 기반한 제도**입니다.

우리 시대가 잃어버린 것은 이 '공포심'이 아닐까 합니다. 위정자의 부패, 관료의 불성실, 업계 리딩 기업들의 도덕적 해이에는 공통적으로 '이 사회는 내가 아니라도 누군가가 지킬 것'이라는 낙관이 있습니다.

그런 '누군가'는 어디에도 없다는 것을 우리 세대는 절절하게 알지 못합니다.

일본이 못쓰게 되기 시작한 것은 1970년대부터지만, 이는 앞서 말한 것처럼 메이지, 다이쇼 시대에 태어나 '무서운 것을 보아버린' 리얼리스트 세대가 사회 일선에서 물러난 시기와 맞물려 있습니다. 이 세대가 물러남과 동시에 일본에서는 진짜 의미의 '엘리트', 즉 '위험 감수자'들까지 사라져버렸습니다.

성공 모델에 대한 환상 〰〰〰

"여성은 자립해야 한다." 1960년대부터 정설로 굳어진 말입니다. 그런데 그렇게 말해온 여성들이 지금 정신적으로 고통을 받고 있습니다. 요즘 가장 힘든 세대는 30대 여성들이지 않나 합니다.

우울증과 신경증을 앓는 여성들이 크게 늘어나고 있습니다. 나만 이렇게 느끼는 것이 아니라 정신과 의사인 지인의 말로는 통계적으로도 비슷한 경향이 나타나고 있다더군요.

원인은 무엇일까요?

여성들이 성공 모델을 좇는 것이 점점 힘들어지고 있다는 데에 그 원인이 있다고 봅니다.

여성들을 겨냥한 미디어는 커리어를 쌓느라 열심히 일하는 여성들을 성공 모델로 보여주고 있지만, 최근 들어 반작용이 나타나는 듯합니다. 아무리 노력해도 원하는 성공 모델의 수준까지 도달하지 못해 스트레스가 쌓이면서 심신이 점점 지쳐가는 게 아닐까요?

커리어 우먼들이 많이 읽는 어느 여성지에서, 한때 인물의 프로필 가운데 연령을 삭제하는 대신 연봉을 추가한 일이 있었습니다. 수입을 같이 보여주면서 여성이 거둔 직업적 성공을 구체적으로 지표화한 것이지요. 하지만 반응이 그리 좋지만은 않았던 모양입니다.

나 역시 그런 시도가 그다지 품격 있게 느껴지지는 않습니다.

그동안 여성지들은 해외 관련 비즈니스에서 성공하고, 연애에서도 성공하고, 멋진 집에 살고, 이해심 많은 배우자와 똑똑한 아이가 있고, 센스가 좋고, 해외에 사는 친구가 많고, 영어도 잘하고, 예술에도 조예가 깊으며, 와인도 깐깐하게 고르는…… 등의 스타일을, 일하는 여성의 성공 모델로 설정해왔습니다.

그러나 이런 스타일은 현실적으로 극히 특수한 경우입니다. 이런 경우를 모든 여성의 모델로 삼기에는 무리가 있습니다. 아무리 그래도 그렇지 조건이 너무 많습니다.

이 모델을 기준으로 삼는다면 일하는 여성들은 결혼해서 아이가 있는 여성들을 부러워하게 됩니다. 반대로, 결혼해서 아이가 있는 여성들은 일하는 여성들을 부러워하게 됩니다.

이러면 일도 가정도 육아도 다 잘해야 비로소 '능력 있는 여자'가 될 수 있습니다. 일도 하고 가정도 있는 사람은 한 걸음 더 나아가 자신의 일이 '지적이고 크리에이티브'한지 신경 쓰이기 시작하고, 집 안이 '인테리어 잡지에 나올 정도로 예쁘지 않다'고 부끄러워하

힘만 조금 **뺐**을 뿐인데

고, 아이들이 일류학교에 다니지 않아서 배가 아프고······ 그런 성공 모델을 이상적인 모습이라고 인식하기 시작하면 목표치는 끝도 없이 높아져만 갈 뿐입니다.

하지만 목표를 달성한 사람은 천 명 중 한 명도 되지 않습니다. 그런 가혹한 목표는 자질도 있고 환경도 받쳐주는, 말하자면 100미터 경주를 90미터 지점부터 뛰기 시작한 사람만이 도달할 수 있습니다. 드문 케이스를 일반적인 모델로 보여주는 것은 공정하지 않습니다. 젊은 사람들의 '불충족감'만 키울 뿐이니까요.

최근 10년 동안 여성을 대상으로 하는 미디어는 화려한 성공을 거머쥔 커리어 우먼이나 카리스마 주부들을 띄워주며 '행복의 상징'으로 치켜세워 왔습니다. 그런 환상을 과시하면서 어떤 좋은 점이 있었습니까? 나는 상당히 회의적입니다.

완성된 성공 스토리를 인생의 지침으로 삼아 큰 도움이 되었다는 여성보다는, 그 스토리와 자신이 처한 현실 사이에 놓인 터무니없는 격차에 질린 나머지 상처받은 여성들이 훨씬 더 많을 겁니다.

남성들은 그런 의미로 보면 조금 더 '터프'한 것 같습니다. 남자들은 성공 모델과 자신을 비교하는 일이 거의 없기 때문입니다.

남성들은 매일 상사와 거래처에 아첨을 떨고, 한편으로는 부하와 하청 업체들의 아부를 듣고 삽니다. 하지만 보통의 샐러리맨은 그럴 때 보여주는 존경심이란 것이 표면적일 뿐만 아니라 어느 누구도 누군가를 '진심으로 존경하지는 않는다'는 사실을 경험적으로 알고 있습니다.

남자들은 어릴 적부터 권력관계에 익숙한 만큼 권력관계에서 상처받지 않는 방법에 관해서도 나름의 경험을 쌓아왔으리라 생각합니다.

도리야마 아키라(『드래곤볼』, 『닥터 슬럼프』의 작가—옮긴이)나 이노우에 다케히코(『슬램덩크』의 작가—옮긴이)의 연봉이 수억 엔이라는 말을 듣고 '대단한데, 만화가 돈이 되는구나' 하고 생각하는 사람은 많겠지만, 그렇다고 도리야마 아키라와 이노우에 다케히코를 질투하는 남자는 없습니다.

그런 '무리한 부분'을 목표로 설정해봐야 의미가 없다는 사실을 알고 있기 때문입니다. '손이 닿는 곳에 목표를 설정하는' 것처럼 약아빠진 '삶의 지혜'가 남자에게는 있습니다. 물론 여성들의 눈에 그것이 패기가 없다든가 야망이 없다고 비쳐지더라도 어쩔 수 없겠지요.

반대로 여성들은 지금까지 권력이나 사회적 성공에 큰 가치를 두지 않고도 살 수 있었습니다. 그런 것과 상관없이 살아오면서 남자들이 필사적으로 사회적 성공과 돈과 권력을 좇는 모습을 '뭐 하는 거야, 이 사람들은' 하는 냉랭한 눈빛으로 바라봐온 측면도 없지 않아 있었다고 봅니다.

그런 의미에서 여성 문화는 근대 일본에서도 남성적 가치관에 대항하는 중심축으로서 사회적인 기능을 해왔습니다.

힘만 조금 뺐을 뿐인데

높은 지위와 임금을 얻기 위해 자지도 먹지도 않고 가족들을 팽 개쳐둔 채 악착같이 일하는 아버지에게 "그런 게 무슨 상관이에요", "이제 일은 그만하면 됐으니 맛있는 거나 배불리 먹고 등이나 지지 면서 편하게 살아요"라고 말하는 어머니가 존재했고, 그 두 가치관 이 서로 경쟁하는 가운데 전통적 가정은 균형을 맞춰왔을 겁니다. 남자가 수명을 깎아가면서 경쟁적으로 일하는 이유를 아무리 생각 해도 이해하지 못하는 것이 여성들의 비판적 성향이지요. 그래서 어느 날 남자가 "헉" 하고 '자기 자신'으로 돌아와 '나는 대체 뭐 하느 라 이렇게 정신이 없었던 거지…… 나를 이렇게 사랑해주는 가족 들을 돌보지 않고……'라고 울며 반성하는 일도 있는 것이겠고요. 사실 이런 것이 아주 중요합니다.

　그러나 지금 여성들이 원하는 '사회 진출'은 여성이 남성적인 가 치관에 대항하는 중심축으로서도 아니고, 비판적 입장에서 이루어 지는 것도 아닌, 그동안 여성이 가지고 있던 비판적 성향을 포기하 고 남성적 가치관으로 일원화하는 방증이라고도 할 수 있을 것입 니다.

　하기야 페미니즘의 부흥기에는 그 전까지 여성들에게 금역이었 던 직장 혹은 지위에 진출할 수 있게 되면서 의욕적인 여성들이 점 점 그 자리를 차지했습니다. 이런 변화의 역사적인 의의를 다시 강 조할 필요가 있을 듯합니다.

　이 시기에는 어떤 분야든 '여성 최초'라는 훈장이 따라붙던 시대였으므로 사회에 진출하는 여성들 역시 긴장감과 사명감을 품고 있었습니다. 따라서 유능한 관리자로 업무를 척척 소화하는 동시에 가정에서는 좋은 아내이자 엄마 역할을 하며 슈퍼우먼처럼 과도한 짐을 견디는 것도 가능했습니다.

인간은 그런 '역사적 사명감' 같은 것을 품고 있을 때 생각지도 못한 힘을 발휘하기 마련입니다. 이 세대 사람들에게는 '여성들에게 새로운 삶의 방식을 제시하는 선구자'라는 강렬한 사명감이 있었습니다. 그래서 과중한 스트레스가 심신을 갉아먹고 있었음에도 증상으로 발현되지는 않았던 겁니다. 긴장한 사람은 병이 나지 않습니다.

그런데 지금의 20, 30대 여성에게는 그런 선진 여성의 사명감 같은 것이 없습니다. 자신이 사는 방식이 다음 세대의 모델이 된다는 긴장감도 없습니다.

'취직이냐, 진학이냐, 신부 수업이냐'의 삼자택일밖에 없으니 '일단 몇 년만 일해보자'는 미약한 동기에서 취직을 선택한 사람들이 많습니다.

사명감과 자부심이 없는 사람들은 스트레스에 취약합니다. 누구나 알고 있듯이 말입니다.

옛날보다 훨씬 더 먼 옛날이라면 '가난한 부모님에게 송금하고 남는 돈으로 남동생만은 대학에 보내야 한다, 나는 못 갔지만'이라는 멸사적滅私的 동기라도 있었지만, 지금은 그런 식으로 자녀에게 노동의 동기를 제공하는 가족은 거의 없습니다.

'피치 못할' 절실한 사정이 없이 '다들 하니까……'라는 빈약한 동기로 취직한 여성은 그 일의 무의미함을 견디기가 매우 힘이 들 겁니다. 일을 시작한 지 7~8년 정도 된 시점에서야 '일이 너무 재미없다'고 느끼기 시작하는 것도 당연합니다. 그렇다고 해서 일을 대신할 다양한 옵션이 존재하는 것도 아닙니다.

내 수업을 듣는 학생들에게 매년 같은 질문을 해봅니다. 불과 10년 전까지는 15명 중 거의 대부분이 일을 하면서 자립하고 싶다고 답한 데 비해, 2007년경이 되니 전업주부가 좋다는 학생이 과반수에 달했습니다. 그렇다고 특별히 우아한 주부 생활을 꿈꾸는 것도 아닌 듯했습니다. 가난해도 상관 없다고들 하는 것을 보니 말입니다.

가난해도 괜찮고, "다녀오세요"라는 인사로 남편을 출근시키고 나서, 청소도 하고 다림질도 해놓은 다음에, 가드닝을 하거나 모차르트를 들으며 잼을 만들거나 하면서 홀가분하게 살림이나 하고 싶다고요.

그 여학생들은 어머니 세대가 주택 구입 융자 등 버거운 대출금을 갚느라 저임금 파트타임으로 힘들게 일하는 모습을 보아온 겁니다. 젊은 세대는 더 잘살려고 애써봐야 손해라는 것을 꿰뚫어보기 시작했습니다.

그 학생들에게는 부모가 '집을 사지 않는 대신 여행도 가고, 맛있는 것도 먹고, 즐겁게 살자'는 방향으로 일찌감치 방향을 전환했다면 '엄마는 파트타임으로 일하지 않아도 되었을 것이고 집에 있으면서 가족끼리 더 오붓하게 살 수 있었을 텐데…… 하는 열쇠아이(부모가 직장에서 일하는 경우 혼자 집 현관문을 열기 위하여 열쇠를 목에 걸고 다니는 아이를 말한다—옮긴이)'의 회한이 있는 듯합니다.

상황이 이러니 젊은 여성들이 '취직하고 싶지 않다, 주부가 좋다'고 말하기 시작한 것도 무리는 아닌 것 같습니다. 전업주부가 되고 싶어 하는 요즘의 추세에는 '지속적 성장곡선'에 대한 부모 세대의 환상을 수정한다는 의미가 있습니다.

이런 학생들은 '내 집은 필요 없다' '남편에게는 고소득을 바라지 않는다'라고 비교적 정확하게 말합니다. 선배 여성들 입장에서 보면 '그것보다는 둘이서 함께하는 시간이 중요하다'고 하는 그들의 판단이 답답할지도 모르지만, 역사적 관점에서는 그 나름의 건전한 반응이 아닐까 합니다.

취직 기피 경향이 나타나기 시작한 젊은 여성층에 비하면 남성들은 일에 대한 환상을 가지고 있습니다. 하지만 동년배 여성들에 비해 스트레스에는 강한 듯 보입니다. 눈앞에 흔들리는 당근을 보면서 찰싹찰싹 채찍을 맞는 경험을 어린 시절부터 계속해왔기 때문일 겁니다. 남자아이들은 어떤 의미에서 보면 당근에도 채찍에도 '둔감'해지고 있습니다. 맞는 데 익숙해져서 엉덩이 가죽이 두꺼워졌다고도 할 수 있겠습니다. 반대로 말하면, 그런 환상에 너무 진지하게 다가갈 경우 몸이 버티지 못한다는 사실을 경험적으로 알고

힘만 조금 뺐을 뿐인데

있는 겁니다.

그러나 여자아이들은 그렇지 않습니다. 젊은 남성들이 이미 마스터해서 '성공 모델이라고 해봐야 별로 리얼리티도 없고, 일단 내일 회사는 가야지' 하며 절반은 열심히 절반은 대충하는, 미묘한 적당주의 기술을 훈련받은 적이 없습니다. **'적당히 하는 것'은 훈련을 받지 않으면 몸으로 익힐 수 없는 사회적 기술입니다, 사실은.** 그래서 여성들이 사회적 성공이라는 환상을 오히려 믿기 쉬운 것이 아닐까 합니다.

남자들 중에는 자신의 본업에 대해 "내 일요? 아이고, 그저 그런 일이에요, 진짜"라면서 실제로는 아주 높은 수준의 일을 하는 사람들이 상당히 많습니다. 오히려 규모가 큰 비즈니스를 하는 사람들 가운데 그런 스타일이 적지 않습니다. "어쩌다 보니 이 일을 하고 있네요……" 하고 중얼거리는 사람이 생각지도 못한 대규모의 일을 하고 있는 경우도 있고요.

반대로 "내 일? 시시한 일이야. 그런 얘기 재미없게 뭐 하려고 해"라며 실없이 웃지만 실제로는 대단한 일을 하고 있는 여성이 있는지 떠올려보면, 그런 경우는 매우 드뭅니다.

여성으로서 성공한 사람은 우선 예외 없이 몹시 성실합니다.

여성의 입장에서 '일을 한다'는 것은 '남성 중심주의에 저항해 사회적 자원의 공평한 분배를 요구한다'는 매우 '진지한' 요청에서 출발해 획득한 기회였다는 데에도 한 가지 원인이 있다고 봅니다. '진지한' 요청을 바탕으로 얻은 것이므로 과하게 실없는 웃음을 지으며 아부를 할 수는 없습니다.

사실은 그렇다 해도 전혀 상관없을뿐더러 그렇게 하는 편이 결과가 좋을 때가 많지만 여성들은 그런 방식을 잘 모르고 있는 듯합니다.

'실없이 웃으며 수준 높게 일하기 위한' 노하우를 알고 있느냐 그렇지 않으냐의 차이가, 같은 사회적 압박을 받으면서 견딜 수 있는 사람과 무너지는 사람의 차이를 낳습니다.

그런데 현재 자기 일로 성공한 여성, 미디어가 성공 모델로 떠받드는 여성들 가운데 젊은 세대에게 '너무 많이 애쓰지는 말고 설렁설렁 갑시다'라는 메시지를 보내는 사람이 거의 없지 않습니까?

성공한 사람들은 거의 예외 없이 자신이 얼마나 남다른 노력을 한 끝에 지금의 위치에 올랐는지 득의양양하게(또는 아무렇지도 않게) 말합니다.

훈계조로 말하는 여성들은 널렸어도(누구라고 말할 수는 없지만), 하시모토 오사무나 오다지마 다카시, 다카하시 겐이치로 같은 타입의 '성공이라니, 품위 없이'라며 딱 잘라 말하는 여성 논객은 보기가 정말 보기가 힘들더군요.

'성공'에 대한 남녀 간의 경험 차는 바로 이 지점에서 드러나는 듯합니다.

힘만 조금 **뺐**을 뿐인데

여성 혐오의 나라, 미국이 낳은 성공 모델 〰〰〰

일본의 미디어가 보여주는 성공한 여성상의 큰 문제는 '아메리칸 스탠더드'를 수입해왔다는 점이 아닐까 합니다. 미국의 롤 모델을 마치 글로벌 스탠더드 여성상인 것처럼 제시하고 있는 것, 이것이 문제입니다.

이런 이야기를 하는 사람은 없는 걸로 알지만, 미국 여성들은 세계에서 보기 드물 정도로 이상한 포지션에 있습니다. 그래서 미국 여성을 기준으로 삼는 것이 썩 좋지만은 않다고 봅니다.

페미니스트들은 미국 문화는 여성 혐오의 문화다, 미소지니 misogyny의 문화다, 라고 지적하고 있습니다. 옳은 지적입니다.

세계 어디를 둘러봐도 그만큼 여성을 혐오하는 나라는 찾아보기 힘듭니다.

한 예로, 미국 영화는 거의 '여성 혐오 영화'라고 말해도 지장이 없을 정도입니다. 남자는 여자에게 고통받고 배신당하며 성장한 후에 로맨틱한 과거를 회상하지만, 여성은 대체로 마지막에 사라지거나 죽고 나면 끝입니다.

〈나를 야구장으로 데려가 주오Take Me Out to the Ball Game〉라는 1940년대 뮤지컬 영화가 있습니다. 이 경박한 뮤지컬이야말로 전형적인 미소지니 영화입니다.

프랭크 시나트라와 진 켈리가 야구선수로 나오는데, 여기에 에스더 윌리엄스가 구단 오너였던 아버지의 뒤를 이어 여성 오너로 등장합니다.

이런 종류의 이야기 패턴은 그 밖에도 많습니다. 〈메이저리그〉역시 마찬가지였고, 남자들만의 세계에 권력을 가진 여성이 나타나 그곳을 마구 휘젓는다는 패턴은 예전부터 미국인이 매우 좋아하는 설화의 원형입니다.

〈나를 야구장으로 데려가 주오〉에서는 남자들 사이에서 가장 와일드하고 마초적인 녀석(진 켈리)이 구단의 여성 오너인 에스더 윌리엄스를 가지는 것으로 해피엔딩이 되리라 생각했더니, 뜻밖에도 마지막에 동료를 배신하지 못하고 그녀를 떠납니다. 여자가 아니라 남자끼리의 단결을 선택한 그와 함께 남자들은 모두 더불어 만세를 외치고 여자는 그 모습을 그저 바라만 보면서 영화는 막을 내립니다.

사실 이건, 할리우드 서부극에서 즐겨 차용되었던 설화의 원형입니다. 이 이야기를 조금 해보겠습니다.

미국인이 가진 성적 트라우마의 기원 중 하나는 개척 시대로 거슬러 올라갑니다. 17~18세기에는 유럽에서 이민자들이 대거 건너왔습니다. 당시 여성들은 동부에 머물러 있었고 프런티어까지 진출한 경우는 극히 소수였습니다. 영화 〈서부개척사〉에서 데비 레이놀즈가 "캘리포니아에 가면 남자 40명에 여자는 한 명이야"라고 하는데, 그런 남녀 간의 비정상적이고 왜곡된 인구 비율은 19세기 말까지도 이어집니다.

당연히 남자와 결혼하거나 사귀어주는 여성들은 절망적일 만큼 드물었겠지요. 여자 하나를 놓고 남자들 수십 명이 다투다가 결국 한 사람만 선택을 받는 겁니다. 나머지 남자들은 다들 손도 못 쓰고 그 모습을 바라보고만 있어야 하는 것이 프런티어 남녀관계의 기본 구조였습니다.

〈황색 리본을 한 여자She Wore a Yellow Ribbon〉에서는 어느 정도 교육을 받은 장교급 군인 몇 명이 구애자 포지션을 차지합니다. 물론 보통 기병들에게는 그런 자격조차 인정되지 않습니다. 장교들 사이에서도 역시 매우 치열한 경쟁이 벌어지고 누군가는 인디언들과의 전투에서 전사하기도 하면서, 살아남은 자가 드디어 염원의 그녀를 차지하는데……, 이런 식으로 19세기 프런티어에서는 '한 사람의 남자가 자기 소유의 여자 한 명을 얻는' 것은 생사를 건 경쟁의 승자에게만 허용되는 특권이었습니다.

이 경쟁이 프런티어의 남자들에게 얼마나 큰 심리적 스트레스였는지는 상상조차 힘듭니다. 참담할 만큼 희소한 여성의 숫자를 고려할 때 자신의 DNA는 거의 확실히 다음 세대로 이어지지 못합니다. 이 존재론적 불안이 프런티어에서의 미국 남성의 원체험인 것입니다.

트라우마는 서사로 극복할 수밖에 없습니다. 프로이트가 말한 대로입니다. 여기서 미국인들은 이 트라우마를 치유하기 위한 서사를 조직적으로 구성합니다.

나는 그 이야기가 바로 **서부극**이라고 해석하고 있습니다.

여자 별거 아니다, 남자끼리의 우정이 제일 중요하다, 여자가 고르는 남자 별 볼 일 없다, 여자는 항상 '틀려먹은 남자'를 고른다, 진짜 남자는 여자에게 선택받는 일 없이 생을 마친다, 라는 것이 할리우드 서부극이 선택한 스토리 라인입니다.

20세기 초반, 영화 산업의 중심이 할리우드로 옮겨오기 전부터 서부극은 제작되고 있었습니다. 데이비드 그리피스(영화사 초기의 거장 감독. 대표작으로는 〈국가의 탄생〉, 〈인톨러런스〉가 있다—옮긴이)도 뉴저지에서 서부극을 촬영했고요. 하지만 그건 '동부 사람이 만든 서부극'이었습니다. 카우보이를 연기한 건 뉴욕의 보드빌리언(노래나 촌극 등을 공연하는 버라이어티 쇼의 배우—옮긴이)이었습니다. 초창기 카우보이 아이돌이었던 '브론코 빌리'를 연기한 브론코 빌리 앤더슨(최초의 서부극 스타—옮긴이)은 승마도 사격도 못했습니다.

'진짜 카우보이'들이 스크린에 등장한 것은 할리우드 때부터입니다.

최초의 할리우드발發 서부극 스타, 톰 믹스는 전前 텍사스 레인저로, 와일드 웨스트 쇼에서 인기를 얻은 '진짜 서부남'이었습니다. 프런티어가 태평양 연안까지 올라가면서 일자리를 잃어버린 카우보이들이 서부극의 엑스트라로 대거 캐스팅되기까지 하면서 서부극은 느닷없이 어떤 종류의 매우 거친 리얼리티를 확보하게 됩니다. 그와 함께 프런티어 남자들의 머릿속에 박혀 있던 여성관도 영화에 등장합니다.

톰 믹스의 영화 〈그녀를 로프로 잡아서Roping a Sweetheart〉(1916)는 할리우드 최초로 '개척자가 만든 서부극'인데, 이 영화는 미국적 여성 혐오 설화가 스토리의 거의 대부분을 차지합니다.

톰 믹스와 또 한 명의 쾌활한 카우보이가 목장 주인의 딸에게 반해 사랑의 쟁탈전을 벌이다가 두 사람이 모두 차인 후 결국 그 딸이 '별 볼 일 없는 남자'와 같이 떠나는 것을 보고 두 남자가 웃으며 우정을 되찾았다는 것, 이게 이야기의 전부입니다. 당시의 영화는 상영 시간이 약 10분 정도였으니 이 영화는 그야말로 '이게 전부'였던 셈입니다.

영화의 클라이맥스는, 제목에서도 알 수 있듯이 두 카우보이가 소를 잡을 때 쓰는 로프로 여성을 묶어두려고 하다가 여성의 심기를 건드리는 장면인데, 이 장면이 암시하는 것처럼 그들에게 여성은 아마도 가축의 일종으로 인식되었을 것입니다.

'남자들만의 집단'에 '희소성을 확보했다는 이유로 결정권을 가진 여자'가 침범하면 남자들의 '호모소셜한 집단'의 안녕은 깨집니다. 여자는 **그러한 죄 때문에** 남자에게 버림받고, 여자를 버린 남자는 다시 남자들만의 세계로 돌아갑니다. 여자의 침입으로 일시적으로 해체될 뻔했던 호모소셜 집단이 다시금 통일성을 회복한다는 자기 치유적 서사는 이런 식으로 서부극의 원형 중 하나로 정착됩니다.

물론 프런티어는 사라졌고, '여자에게 선택받지 못한' 헤아릴 수 없을 정도로 많은 남자들은 이미 죽어 그들의 뼈가 서부의 황야에 묻힌 지 오래입니다. 그렇지만 이는 '이미 죽어버렸으니 어찌 되든 상관없지 않으냐'는 차원의 문제는 아닙니다. 자손을 남기지 못해 이름을 기억해주는 사람도 없는 수만 명의 죽은 자들, 이들이 있었던 덕분에 미국이라는 나라가 오늘날의 모습으로 존재할 수 있는 셈입니다. 이들을 내버려두는 것은 인류학적으로도 사회심리학적으로도 불가능한 일입니다. 죽은 자들의 영혼은 잘 달래져야 합니다.

인류학이 주는 교훈처럼 죽은 자들을 고이 잠재우는 일은 살아 있는 자들의 중요한 임무입니다. 죽은 자들이 듣고 마음의 평안을 얻을 애도의 서사를 계승하는 것. 그것이 죽은 자가 되살아나 살아 있는 자들의 세상에 화근을 불러오지 않도록 막기 위한 인류학적인 비용입니다.

위령제를 치르지 않으면 유령이 나타난다는 오컬트적인 이야기를 하려는 것은 아닙니다. 그보다는 구석기 시대 이후 세계의 모든 사회집단이 '한을 남기고 죽은 자들'을 애도하는 일을 게을리하면 살아 있는 자들에게 화가 미칠 것이라는 관점에서는 합의에 도달했다는 인류학적 사실을 말씀드리고 있을 따름입니다. '유령으로 변해 나타난다'고 말씀드리려는 게 아니라 '유령으로 변해 나타난다'는 믿음이 존재하지 않는 사회집단은 없다는 사실을 말하고자 하는 것입니다.

할리우드 서부극은 그러한 **진혼을 위한 서사**입니다. 그런 이유로 영화에서는 여성이 남성에게 버림받고, 집단으로부터 배척당하고, 고독 속에서 죽어가는 운명으로 등장합니다.

그렇다고 해서 미국 남성이 본래 가부장적이라든가 남성 중심적이라고 말하고자 하는 것도 아닙니다. 특정 국가 국민들의 에토스를 형성하는 것은 그 국민이 '어떠한 배경에서 형성되었는가'에 관한 서사와 건국 신화, 즉 내셔널 히스토리입니다.

우연찮게도 미국에는 여성들이 희소한, 다시 말해 성적으로 불균형한 지역을 두 세기에 걸쳐 유지하지 않고는 국토를 개척할 수 없었던 역사적 조건이 있었습니다. 그 과정에서 허무하게 죽어간 이들이 그 후 미국 사회에 화근을 불러오는 것을 막기 위해 그들은 '미소지니 서사'를 망설임 없이, 거의 성무일도(가톨릭에서 매일 정해진 시간에 바치는 기도를 말한다—옮긴이)를 올리듯이 성실하게 생산해온 것입니다.

문학에서도 사정은 다르지 않습니다.

미국의 문학도 영화와 마찬가지로 '상처받은 남자의 치유 스토리'라는 큰 주제를 그대로 가지고 있습니다.

페미니즘이 미국에서 화려한 성공을 거둔 이유도 나는 여기에 있다고 생각합니다. 무엇보다 이 정도로 명백하게 여성을 배척하는 이야기를 양산해온 사회는 전 세계에서 **미국밖에 없으니까요**. 페미니즘을 비평하는 이론이, 미국 문학은 '남성의 문학이다'라는 점을 간파한 것은 그래서 완벽하게 이치에 맞습니다.

그렇기 때문에 더욱더 미국에서의 미소지니 분석을 그대로 글로벌 스탠더드로 여길 수는 없습니다.

생각해보면 '그런 나라'는 미국뿐이니까요.

자국만의 지역적 관습을 두고 '전 세계 모든 곳에서 이래야 한다'고 확대해석하는 것은 미국의 고질병과 같습니다.

지금 일본 사회가 안고 있는 다양한 문제의 원인 가운데 하나는 미국이라는 매우 특수한 국가의 문화를 글로벌 스탠더드로, '세계 표준'으로 착각하고 있다는 점에 있습니다.

18~19세기의 특정 기간 동안, 한정된 지역에서 일어난, 매우 한정적인 정신적 외상을 일반화하는 것은 아무리 생각해도 무리가 따릅니다. 일본과 미국은, 특히 젠더 문화에 관해서는 걸어온 역사가 다르기 때문입니다.

근래 할리우드 영화에 출연하는 여성 주인공은, 여러분도 느끼시

힘만 조금 **뺐**을 뿐인데

겠지만, 러닝 타임 내내 분노에 차 있습니다. 줄곧 화를 내고, 소리를 지르고, 남자를 꺾어버리고, 침을 튀기며 자기주장을 함으로써 자아실현에 성공해 대단한 업적을 거머쥐게 된다는 유의, 뒷맛이 개운하지 못한 이야기들만 눈에 띕니다.

영화 〈에린 브로코비치〉는 입도 큰 배우 줄리아 로버츠(법률사무소 어시스턴트)가 자신이 일으킨 수억 달러짜리 공해 소송에서 승소해 부자가 된다는 이야기인데, 그녀는 처음부터 끝까지 너무도 볼만하게 쉼 없이 화를 냅니다. "잠깐만요, 그러면 말입니다" 하면서 조율에 들어간다든가, 농담으로 긴장을 풀어준다든가, 타인을 위해 스스로 책임을 지고도 그 사람을 탓하지 않는 여성 캐릭터는 할리우드 영화에는 거의 한 사람도 등장하지 않습니다.

드디어 그런 장면이구나 싶은 때가 오면, 반드시 남녀 간의 언쟁이 시작됩니다. 방금 전까지 보살 같은 얼굴을 하고 있던 여성이 야차(불교에서 모습이 추악하고 잔인한 귀신을 말한다—옮긴이) 같은 인상으로 변해 남자가 재기 불능이 될 때까지 상처를 주는 장면이 반드시 준비되어 있습니다.

이런 장면을 두고 '자립하는 여성'을 긍정적으로 그린, '정치적으로 올바른'(정치적 올바름[Political Correctness, PC]의 형태로도 자주 등장하며, '정치적' 관점에서 차별 또는 편견을 없애는 것이 '올바르다'는 뜻이다. 표현이나 용어의 사용에서 인종, 민족, 종교, 성차별 등의 편견이 포함되지 않도록 하자는 주장을 나타낼 때 쓰인다—옮긴이) 이야기라고 높이 평가하는 평론가가 있는데, 그것은 큰 착각입니다. 할리우드 영화에 나온 여성은 전부 '못된 여자'이기 때문입니다. '못된 여자'를 일부러 '여성 관객의 지지를 받는 캐릭터'로 보여주고 있으니까요.

영화 속에서 여주인공은 화려한 성공을 거머쥠으로써 사실은 벌을 받고 있는 겁니다. 말하자면 "네, 이런 여자가 지금 미국에서는 성공한 여자라니까요. 최악의 여자라는 생각 안 드세요? 이 여자 앞에 제대로 된 미래가 기다린다고 믿기는 힘듭니다. 참 우습죠?"라는 암묵적 메시지를 거침없이 전달하는 이야기를 만들고 있는 셈입니다.

이것은 미국 사회가 가진 '업業'이나 마찬가지라고 해도 무방하지 않겠습니까?

등장인물의 성별을 바꿔보면 쉽게 이해할 수 있으실 겁니다.

1년 내내 화만 내고, 늘 시끄럽게 자기 권리를 주장하고, '꽝' 소리가 나게 문을 닫고, 접시를 때려 부수고, 전화기를 던지고, 오래 사귄 애인을 "패기가 없어서 싫다"며 버리는 남자가 보란 듯이 성공해서 그녀의 사랑을 얻었습니다, 하는 이야기가 있다고 해서 대체 누가 그런 이야기에 공감해줄까요?

하지만 여성이 이런 주인공 역할을 맡으면, 어머나, 이상하게도, 비평가들에게 '자립하는 여성을 그린 영화'라는 절찬을 듣습니다.

그런데, 그렇지가 않습니다. 사실은 누구라도 그런 영화를 보면 기분이 안 좋아지는 것은 당연합니다. 누구라도 지긋지긋해합니다. 일부러 그런 여주인공을 내세워 이런 여자야말로 미국의 성공 모델이다, 라고 하는 이야기를 양산하는 데에는 저의가 있다고 할 밖에요.

그런 이상한 주인공이 반복적으로 등장하는 것이 바로 미국 영화입니다.

여기서 일본 영화를 한번 떠올려볼까요?

1980년~1990년대에 마이클 더글러스가 그런 '미소지니 영화'를 양산하던 당시(〈장미의 전쟁〉, 〈위험한 정사〉, 〈원초적 본능〉, 〈폭로〉, 〈퍼펙트 머더〉), 일본에 그와 비슷한 부류의 영화가 있었습니까?

그 시기의 일본 영화 가운데 가장 큰 히트작은 미야자키 하야오의 영화입니다.

'하늘을 나는 소녀'들의 자기희생과 맑은 지성과 해학과 모험심을 노래한 애니메이션 영화에 일본 전역이 열광했지만, 미국적 미소지니의 징후는 거의 찾아볼 수 없었습니다.

일본 사회가 사실의 수준에서 남성 중심적인 사회가 아님을 의미하는 것은 아니지만, 적어도 환상의 수준에서는 '여성을 배제하고 남자들만의 집단을 만드는 것'을 예찬해야만 하는 인류학적 이유가 없었다는 사실을 의미합니다. 여성은 배제되어야 한다, 남자는 남자들만으로 충족되어야 한다는 '기도'를 올려야만 영혼이 위로받는 '죽은 자들'이 일본 사회에는 없는 것이지요.

그런 국가적 정서의 차이를 고려하지 않고 미국 여성들이 살아가는 방식을 그대로 글로벌 스탠더드로 해석하는 것은 위험한 일입니다.

지금 미국 여성들은 매우 어려운 포지션에 있습니다.

표면적으로는 페미니즘, 차별 철폐affirmative action, 정치적 올바름 등을 구현하기 위한 제도적 뒷받침에 따라 '심판자' '고발자'의 위치에 놓여 있지만, 사실은 의도적으로 고안한 '미움받는 포지션'입니다. 그런 위치에 미국 여성들이 놓여 있는 것이지요. 한편 일상생활에서는 남녀평등주의로 인해 바로 그 아메리칸 스탠더드(능력 있는 자만이 살아남는다)에서 비롯된 과열 경쟁에 노출되어 있습니다. 그뿐만 아니라 사회의 이면에서는 어마어마한 가정 폭력, 강간, 살인의 표적이 되고 있습니다. 이렇듯 현재 미국의 여성들은 아주 어려운 조건하에서 삶을 유지하기 위해 필사적으로 싸우고 있습니다.

'고발하는' 것은 '고발당하는' 쪽의 증오를 산다는 뜻입니다. '이기는' 것은 '진 사람들'의 질투를 산다는 뜻입니다. '성공하는' 것은 '성공하지 못한' 사람들의 반목의 시선을 산다는 뜻입니다.

이런 포지션을 강요당하고 있다는 것은, 다른 관점으로 보면, 매우 불행한 일이 아닐까 합니다.

전 세계의 여성들이 왜 그런 왜곡된 여성의 입장을 모델로 삼아야 하는지 나는 도통 알 수가 없습니다.

"이제 그런 건 그만하지 않으시겠어요?" 하고 말하는 비판적인 입장 하나쯤 있어도 괜찮지 않을까요?

물론 모든 사람이 그럴 필요는 없겠지만, "이제 성공이라든가 '승자'라고 구분하는 거 그만하시죠? 안 그래도 피곤한데"라고, 지금까지 열심히 일한 여성들이 먼저 나서서 말하지 않으면 안 되는 시점이 아닐까 합니다.

돈, 성공, 권력, 위신, 정보 등등 그런 건 어떻게 되든 상관없다, 부족하더라도 마음 따뜻한 행복이 있으면 된다는 사실을 제대로 발언할 수 있는 이들이 어른 여성 중에 자꾸 나타나지 않으면, 지금의 젊은 여성들이 처한 높은 스트레스 상황은 좀처럼 변하기 힘들 것입니다.

여성은 무엇을 위해서 일하는가

    페미니즘의 고전,『제2의 성』(1949)에서 시몬 드 보부아르가 주장한 바는 쉽게 말하자면 '남자가 가지고 있는 것을 여성도 가져야 한다'는 것이었습니다. 권력과 사회적 지위와 높은 임금 말입니다.

    이런 권리 청구는 언뜻 정당한 듯 보이지만, 그 전제에는 '권력과 자산과 사회적 명예는 좋은 것이다'라는 생각이 자리하고 있습니다. 그런데 이것은 조금 난감합니다.

    남자가 가진 것을 여자들도 나눠 갖자는 말은 남자가 '좋은 것'을 독점하고 있다는 전제가 있기 때문에 할 수 있습니다.

    나는 이를 페미니즘적 '탈환론'이라고 부르는데, 탈환론적 구조가 성립한 순간 페미니즘은 그녀들이 '남성 중심 사회'라고 부르는 사회의 가치관을 절반은 긍정하고 있는 셈이 됩니다. 그렇지 않습니까? '남자가 가치 있다고 생각하는 것'에 '가치가 있다'고 여성들도 동의했다는 뜻이 되니까요. '남성 중심 사회'의 가치관을 절반은 긍정하면서 남성 중심 사회를 개선하기는 어렵습니다. 탈환론적 사고를 적용하는 한 '여성의 남성화'로의 귀결은 필연적이기 때문입니다.

1960년대에 프랑스의 ENA(국립행정학원)라는 초일류학교에 최초로 여성이 입학한 일이 있었습니다. 이 일이 페미니즘에 있어 과연 경사스러운 일인지 안타까워해야 할 일인지를 두고 당시 프랑스에서는 격렬한 논쟁이 벌어졌습니다.

ENA의 졸업생이 된다는 것은 지금까지 남성들만이 독점했던 정부 행정 조직의 수반을 목표로 하는 엘리트 코스를 밟는다는 뜻입니다. 여성의 사회 진출이 한층 더 활발해졌다는 측면에서 바람직한 조짐인가, 아니면 여성이 남성적 가치를 수용해버렸다는 패배 선언인가. 보부아르는 이 문제로 매우 고뇌했습니다.

일부 페미니스트들은 여성의 사회 진출은 기존의 남성적 가치관을 긍정하는 것과 마찬가지라는 사실을 알고 있었습니다. '남성 중심 사회'를 비판하면서 그 사회가 '가치 있음'이라고 판단한 것을 똑같이 '가치 있음'으로 결론짓는 것은 '남성 중심 사회'를 인정하고 강화하는 셈이 아니냐는 반론이 있었습니다.

보부아르는 이 반론을 뒤로하고 남녀가 평등한 '이상적 사회'가 도래하기까지의 과도기에는 '잘난 여성'들이 계속해서 고위직에 진출해 사회적 자원의 쟁탈전에 참여해야 한다는 결론에 도달했습니다. 보부아르의 이 선택은 그 후 반세기에 걸쳐 일어난 페미니즘적

탈환론의 기본 노선을 결정했습니다.

이 논쟁에서 볼 수 있듯이 페미니즘의 아킬레스건은 현재 시점의 사회적 자원을 공정하게 분배할 것을 요구하는 한 '분배되는 것에는 가치가 있다'는 점을 반드시 전제로 해야 한다는 사실입니다.

그런데 이른바 '사회적 자원'으로 불리는 것에 그 정도의 가치가 있을까요? 문제는 남성들이 '그런 것들'에 그다지 가치가 있다고 생각하지 않는다는 점입니다.

그래서 '그런 것들'을 위해서 그 정도로 애쓰지 않습니다. 일이야 빠져서 하면 나도 모르게 즐기게 되지만, 그건 '일이 즐거워서'이지 그 결과로 오는 '높은 지위, 높은 임금, 높은 명예'가 반드시 일을 하는 첫 번째 목적이 되지는 않습니다. 적어도 '큰일'을 해낸 남자들은 거의 예외 없이 지위, 임금, 명예를 좇지 않습니다. 주변에서 하라고 하니까 어쩔 수 없이 찔끔찔끔 하는 일이거나, 사람들이 하도 그만두라고 하니까 갑자기 하고 싶어진 일이거나, 혹은 사회를 위해서, 약자를 위해서, 무언가 '좋은 일'을 해보자는 '불심佛心'을 보이기 위한 것이거나…… 하는 식으로 희한한 동기에서 시작한 일이, 곧 잘 눈부신 성공을 가져다주는 경우가 있습니다. 원하면 손에 들어오지 않고, 원하지 않으면 찾아온다는 것을 남자들은 어렴풋이 알고 있는 듯합니다.

그러므로 ENA에 입학한 학생들에게 만약 내가 코멘트를 요청받는다면, "관료적 직무가 세 끼 밥보다도 좋으니 나라를 위해서라면 침식을 잊고 일하겠습니다"라고 말할 수 있는 사람이라면 추천하겠지만, '높은 지위 등등……'을 바라고 하는 거라면 아무리 노력해도 아마 제대로 된 관료가 될 수 없을 겁니다, 라고 대답할 것 같습니다. 보부아르와는 정반대의 답변이겠지만요.

이렇게 말하면 문제가 될 수도 있겠지만, 예전에 샐러리맨 동기와 이야기를 나누다가 여성 관리직 문제가 화제로 오른 적이 있었습니다. 자세히 들어보니, 어느 샐러리맨이 말하기를, 언론에는 그다지 자주 언급되지는 않지만 여성 관리직의 뿌리 깊은 문제 중 하나가 '남성보다 뇌물에 무방비하다'라는 것이었습니다.

지금까지 짚어본 대로 '회사를 위해'라기보다 '나 자신을 위해' 일을 하는 것이 페미니스트들의 사회 진출 동기 중 하나이기 때문에 여성들이 출세했을 때 가장 곤란한 것이 '회사의 이익보다 자기의 이익을 우선시하는 경향'이었습니다. 그런 여성은 자신에 대한 선물을 '어쩌다 보니 본인이 회사 안에서 독점하게 된 직위와 권한'에 바라는 꼼수가 있는 선물이라고 생각하지 않고, '자기 개인의 능력에 대한 칭찬과 경의를 표하는 것'이라고 받아들이기 쉽습니다.

나는 이야기를 듣고 공감했습니다.

뇌물을 수수한 여성이 개인적으로 욕심이 많고 적고의 문제는 아닙니다. 일하는 것 자체에 대한 동기부여 방법이 다를 뿐이라고 생각합니다.

'회사를 위해서'가 아니라 '남성이 점유하고 있던 자원을 탈환하기 위해서' 일을 한다는 사고가 있는 한, 선물을 거부해야 할지 말지 순간적으로 판단하기가 힘들 수 있을 겁니다(뇌물 수수도 역시 '남성이 점유해왔던 자원' 중 하나라는 사실에는 변함이 없으니까요).

권력과 명예에는 반드시 '어두운 측면'이 있기 마련입니다. 인사이더 정보가 있고 뇌물 수수의 기회가 있습니다. 사회적 지위란 그런 부분을 **포함해서** 존재하는 것입니다. 그런 유혹에 대해 '여성은 남성보다도 윤리적으로 행동해야 한다'고 주장하는 사람은 없겠지요(만약 그런 말을 하는 사람이 있다면, 그것이야말로 '성차별적'인 발언이라고 해야 할 겁니다).

기업 활동에 있어 최소한의 윤리는 '멸사봉공'이라는 시대착오적인 에토스에 지배받고 있습니다. '공公을 위해서' 일을 하고 있기 때문에 '사私적'인 배를 불릴 수는 없다는 윤리성은, 공을 위해서 일을 하고 있기 때문에 사적인 일은 희생되더라도 어쩔 수 없다는 '사축社畜'의 환상과 표리일체한 것입니다.

따라서 권력과 자산과 명예가 경쟁적으로 추구되는 장에서 끝이 보이지 않는 도덕적 해이를 방지하기 위해서는 어떤 종류의 '공공성' 환상이 불가결한 셈입니다. '나라를 위해서', '윗사람을 위해서', '회사를 위해서'라는 왜곡이 개입되어 있지 않으면 사회는 약육강식의 야생과 다름없는 투쟁의 장이 되어버릴 것입니다.

시장경제 사회는 그런 다양한 환상이 빚어내는 복합적 효과로 간신히 균형을 유지하고 있습니다. 그러므로 '사회적 자원의 공평한

힘만 조금 뺐을 뿐인데

분배'라는 '좋은 것'만을 추출해낼 수는 없습니다. 사회적 자원과 함께 그러한 환상도 반드시 **포함해서** 수익자에게 분배되는 것입니다. 즉, '남성 중심적 환상'의 '일리 있음'을 인정하지 않고서는 그 사회에서 '가치 있음'이라고 인정되는 것을 손에 넣을 수 없습니다.

보부아르가 고뇌했던 문제는 아무것도 해결되지 않은 채 반세기가 지난 지금도 여전히 난제로 남아 있습니다.

이 문제를 근본부터 돌아보려면 '일한다고? 무엇을 위해서?'라는 기본적인 질문으로 다시금 돌아가야 합니다.

〰〰〰 친절하다는 스타일

　프랑스에 갔을 때 놀랐던 것 중 하나는 일하는 사람들의 태도가 일반적으로 매우 좋지 않다는 것이었습니다. 그야말로 언짢은 사람들의 박람회장입니다. 우체국이라든가 은행 창구 직원들, 정말 쌀쌀맞습니다. 하루는 우체국에 가서 우표를 사려고 줄을 서 있는데 직원 아주머니들이 손님들은 내팽개치고 수다에 열중하고 있더군요. "저기……" 하고 말을 거니 째려보면서 "영업시간 이미 끝났어요"라고 창구를 닫아버렸습니다. 당신이 수다 떠는 동안 영업시간이 끝나버린 거 아닙니까. 눈앞이 아득했지요.

　황당해서 "프랑스 사람들은 왜 이렇게 쌀쌀맞습니까?" 하고 물었더니 프랑스인 친구가 "서비스라는 건 노예가 주인에게 하는 것이라는 의식이 있기 때문"이라고 설명해주었습니다.

　'권력관계 속에서 내가 아랫사람이니까 윗사람에게 어쩔 수 없이 하는 것이 서비스라고 생각하기 때문에 자신과 손님이 대등하거나 혹은 자신이 더 위라고 생각하는 사람들은 손님을 가능하면 쌀쌀맞게 대하려고 노력한다'고 말입니다. 상대에게 쌀쌀맞게 굴면 굴수록 사회적 지위가 올라간다고 생각하는 것이 프랑스식이라는 것이었습니다. 그런 것이었군요.

물론 프랑스 사람들도 사람이라서 다른 사람들이 싹싹하게 대해주면 기분이 좋은 건 똑같을 겁니다. 그 친구도 일본 사람들은 아주 싹싹해서 기분이 좋다고 말합니다.

유럽 남성들이 일본 여성과 결혼하고 싶어 하는 기분을 알 것도 같습니다.

일본 여성들은 유럽에서 매우 인기가 많은데 그건 '이유 없이 생글생글 웃기 때문'입니다.

이유도 없이 싹싹한 이 일본 여성들의 매너를 '그래선 안 된다'고 비난하는 사람도 있습니다. '더 의연하게, 자기 의견을 당당하게 말하라'고 합니다. 그렇지만 그건 그대로 좋지 않나 합니다.

싹싹하다는 것은 매우 좋은 문화입니다. 다른 사람에게 친절하게 대하는 것이 자신에게 굴욕적인 행동이라고 여기는 문화보다 일본의 이런 문화가 훨씬 좋습니다. '클라이언트 프렌들리'는 일본이 세계적으로 자랑할 만한 전통적인 문화입니다.

1960년대, 일본의 경이로운 경제성장은 물론 기술력과 근면함에서 비롯되었지만 그 근본에 비즈니스를 하는 쪽이 유저를 대할 때 '유저 프렌들리'한 정신이 있었다는 점이 크게 관계되어 있습니다.

상대의 뜻에 맞추려고 배려하며 일을 진행하는 일본의 비즈니스 방식은 전후 경제성장에 큰 공헌을 했습니다.

싹싹하게 대한다는 것은 말하자면 '형식'을 말합니다.

'상인의 형식'은 싹싹하게 대하는 것이라는 상식이 있으니 그 '형식'을 연출하면서 클라이언트를 대하는 것입니다. 프랑스 점원들처럼 갑자기 '개인'의 민낯을 클라이언트에게 보여주지 않도록 되어 있는 것은 잘 만들어진 장치라고 생각합니다. 그러기 때문에 행여나 클라이언트에게 건방진 대우를 받았다고 하더라도 상처 주지 않고 문제를 해결할 수 있습니다.

고등학교 축제에서 찻집 같은 것을 연다고 하면 같은 반 여자아이들이 일제히 나와서 "어서 오세요"라고 하지 않습니까? 접객 경험이 특별히 있는 것도 아닌데 왜 이렇게 잘하는 걸까 싶을 정도로 손님을 잘 다룹니다. 그런 문화적 배경이 있기 때문입니다. 어릴 적부터 '가게 놀이'로 쌓은 접객 노하우가 몸에 배어 있는 것이지요.

학교 다닐 때는 경어도 제대로 쓰지 못하고 건방지기만 했던 녀석이 샐러리맨으로 취직한 순간부터 180도로 변해서 싹싹해지듯이요. 집에서는 엄마에게 "엄마 밥 줘" 하던 녀석이 손님에게는 누구에게도 보여주지 않았던 미소를 아끼지 않고요. 이런 접객의 기본이 비교적 자연스럽게 몸에 배어 있는 겁니다. 그런 의미에서 일본인들은 '대면 서비스' 문화에 전통이 있는 국민이라고 생각하는 것이고요.

힘만 조금 **뺐**을 뿐인데

이것은 일본의 귀중한 문화적 재산입니다.

일본인은 흔히 '예스'라고 말하면서 '노'라고 한다는 비판을 받습니다. 사실 맞는 말인데, 확실히 거절을 하지 못해서 예스, 예스라고 하며 결정을 뒤로 미루기만 하는 것도 일본인의 특징입니다. 되도록 각을 세우지 않겠다, 상대의 기분을 나쁘게 하고 싶지 않다, '노'라고 확실히 밝히지 않으면서 가능하면 상대에게 상처 주지 않기 위해 불필요한 배려를 하는 태도를 두고 '도대체 알 수가 없다'며 화를 내는 사람도 있습니다. 물론 그것도 합당한 지적이지만, 한편으로 이런 애매한 자세로 큰 도움을 받는 일도 있지 않을까 합니다.

크게 부끄러워하거나 반성하면서 '앞으로는 확실히 아니라고 말하자'는 방향으로 가는 것이 아니라 '이런 일본식 방법도 있답니다'라고 전 세계 사람들에게 알리는 것도 있을 법하지 않나 하는 생각입니다. 실제로 '일본인은 느낌이 좋다'고 생각하는 외국인도 있으니까요.

어느 프랑스인 남성의 인상 깊은 한마디.

"프랑스 여성들은 모든 것에 대해 확실히 의견을 말해요. 자기가 모르는 것에 대해서도 말이죠."

어느 한쪽이 더 좋다고 말할 수는 없겠지만, 알고 있는 바에 대해 확실한 의견을 말하는 것을 삼가는 태도는 인간의 매너로 결코 나쁜 것은 아니라고 나는 생각합니다만.

—**3**장—

힘을 뺄수록 몸은
자유로워집니다

'개성'이라는 오해 〰〰〰

최근 몇십 년 동안 개성과 창의력의 중요성이 매우 강조되어왔습니다.

개성을 중시한다는 것은 '지금 · 여기에 있는 · 나'를 절대화한다는 의미입니다.

그런데 '개성'과 같은 말을 너무 가볍게 쓰는 것은 다시 한번 생각해봐야 하지 않나 싶습니다. 왜냐하면 꽤나 위험한 일이기 때문입니다.

우리가 어떤 것을 생각하고 느끼는 방식은 공동체로부터 상당한 규제를 받습니다. 우리가 공유하는 '문화적 지평'으로 소화되지 못하는 외부의 것은 애초에 자각할 수도 사고할 수 없음은 물론입니다.

본인 생각에는 '개성적 관점'이라도 그것이 특정 세대 전체가 공유하는 '족쇄'라는 사실은 동세대, 동류의 사람들과만 얽혀 있어서는 절대로 알 수가 없습니다.

나는 스즈키 쇼鈴木翔 선생과 1년 정도 메일을 주고받았습니다.

스즈키 선생은 나와 한 살 차이고, 비슷하게 도쿄 소재 진학교(상위권 국공립 대학을 목표로 하는, 우리나라의 특수목적고와 비슷한 유형의 고등학교—옮긴이)를 졸업해 같은 대학, 같은 대학원에서 공부했으며 그동안 해온 일도 비슷하다는 공통점이 있습니다.

그런 사람과 이야기를 나누어보니 그 전까지 내 개성이라고 생각했던 요소 가운데 상당 부분이 1950년에 도쿄에서 태어난 동시대인의 공통점이라는 사실을 깨달았습니다.

그런 동세대의 공통 항목을 제거하고 그 후에 남는 것, 그것을 '내 개성'이라고 부를 수 있는 셈입니다. 이렇게 '대조 작업'을 하지 않으면 내가 '개성'이라고 오해하고 있던 점들이 사실은 특정 시대, 또는 특정 지역의 문화가 만들어온 '민족사적 편견'에 지나지 않는다는 사실을 알아차리기가 좀처럼 쉽지 않을 겁니다.

나와 내 동류의 사람들이 공동으로 만들어온 '족쇄'를 알아차리는 가장 효과적인 접근법은 타 문화를 접하는 것입니다.

예컨대 영어를 쓰는 사람과 대화를 나누면 영어로는 표현할 수 없는 것들이 내 안에 있다는 걸 알게 됩니다.

영어로 "그럼 일본 문화에 대해 말해볼까?" 할 때, 내 입에서 나오는 말들은 결국 상투적 표현입니다. 지금까지 영어 책에서 읽어온, 통째로 암기한 상투적 표현만 나도 모르게 줄줄이 나오게 되어 있습니다.

그런 상황에 내 입에서 나오는 표현은 대체로 서구 사람들이 일본을 비판할 때 늘 언급되는 말입니다.

어쩔 수가 없습니다.

영어를 잘하고 싶을 때는 영어적인 워딩으로, 영어적인 악센트로, '너무도 영어권 사람이 할 법한 말'을 재현해 보여주는 것밖에 없으니까요.

한번은 샌프란시스코에 갔다가 돌아오는 길에 공항 카운터 직원의 태도가 너무도 불성실했습니다. 사람을 오랫동안 기다리게 해놓고 쉼 없이 자기 일만 하고 있지를 않나, 새치기하는 사람이 있는데도 제지하려고 하지도 않았습니다. 20분 정도 기다리다가 화가 치솟은 나는 결국 카운터를 '쾅' 하고 내리치면서 "나는 20분이나 여기서 기다리고 있는데 당신은 앞으로 몇 분 더 나를 기다리게 할 작정이냐?"고 소리를 쳤습니다.

그 순간 나는 내 영어가 너무도 유창하게 느껴져 깜짝 놀랐습니다.

아 그렇구나, 영어라는 언어는 '내가 옳다, 너는 틀렸다, 내게는 권리가 있다, 너에게는 의무가 있다'는 것을 말하려고 할 때 매우 자연스럽게 나오는구나 하는 사실이 이해가 되었습니다.

'일단 큰소리를 치고 보는' 실로 미국적인 화법이 가능한 겁니다. "아, 죄송합니다. 제멋대로 부탁드려서 죄송하지만, 일단 한번 들어보시겠어요……?"라든가, "말씀하신 내용은 아주 잘 알겠습니다만, 조금 미묘하게 다르거든요……"와 같은 말을 하려고 들면 영어로는 좀처럼 나오지 않습니다.

영어로 말한다는 것은 영어 화자들의 머릿속에 있는 매너와 그들의 삶의 방식을 인정하고 받아들인다는 뜻입니다.

반대로 말하면 일본어로 사고하거나 표현한다는 것은 일본어 화자의 고유한 사고 패턴, 일본인의 '종족 사고'를 받아들인다는 뜻이지요.

이렇게 '개성'으로 여기는 대부분이 특정 공동체 안에서 체질적으로 형성되어버린 하나의 '프레임워크'에 불과하다는 사실을 알 수 있습니다.

그러므로 도대체 나는 어떤 프레임워크에 갇혀 있는지, 거기서 어떻게 하면 탈출할 수 있는지 등의 질문을 만들어나가는 지점부터 반성적 사고의 흐름은 시작됩니다.

여기서 '사고한다'라는 것은 '내 느낌과 판단을 제도는 어떤 식으로 강요하는가?'를 묻는 과정을 말합니다.

젊은이들은 '오리지널'을 아주 좋아합니다. 하지만 그들이 자신의 둘도 없는 개성이라고 여기는 것의 95퍼센트 정도는 사실 '기성품'인 것입니다.

자신이 공간적으로 '어디에 있는지'는 비교적 간단히 알 수 있습니다. 그러나 시간의 흐름 속에서 내가 어디에 있는지는 '공부'를 해야만 알 수 있습니다.

시간의 흐름 속에 나를 위치시키는 것, 그것을 '역사적 시각'이라고 합니다. 마르크스주의 이후 이것은 '사고'의 기본으로 인식되어 왔습니다.

예를 들어 우리 세대를 포함한 일본의 전후 문화라든가, 메이지 시대 또는 근대 이후 문화 속에서 내가 어떤 포지션에 있는지 등을 고민하는 문제는 바로 역사적 발상법에서 비롯된 것입니다. 하지만 그런 시각을 가진 사람은 의외로 많지 않습니다.

나는 '매핑mapping'이라는 말을 자주 씁니다.

'매핑'이란 '내가 지도상의 어느 지점에 위치하고 있는지를 특정하는 것'입니다. 내가 지도 속 어디에 있는가는 '지금 · 여기 · 나'를 중심으로 삼는 한 절대 알 수가 없습니다. 당연하겠지만요.

그렇지 않겠습니까? '지도를 본다'는 것은 일단 **'지금 · 여기 · 나'를 괄호 안에 넣고** 그곳으로부터 멀어진다고 상상하면서 상공에 임시로 설치해둔 '새의 눈'으로 내려다보는 것이니까요.

나를 벗어난 시점에서 상상을 해보는 겁니다. 좌표에서 점점 멀어지다 보면 저 멀리에서 '내가 있는 풍경'을 볼 수 있습니다. 나를 포함한 거대한 풍경을, 도시를, 대륙을, 지구를 상상할 수 있습니다. 고도를 높일 수 있는 사람일수록 자신의 공간적 위치에 관해 더욱 많은 정보를 얻을 수 있습니다.

이게 바로 공간적 매핑입니다. 시간의 흐름을 파악하는 매핑의 원리도 기본적으로는 이와 같습니다.

내가 어떻게 형성되어왔는지를 보는 것이기 때문입니다.

가정과 사회와 공동체라는 그물코 안의 어느 지점에 내가 있고, 어떤 역할을 하고 있는지, 어떤 요소들의 복합적인 효과로서 내가 출현했는지, 조건이 어떻게 바뀌면 내가 '사라지는지', 그런 것들을 생각하는 것이 '시간적 매핑'입니다.

나의 역사를 꿰뚫어보는 것이지요.

지금의 내 관점과 사고를 절대시하는 사람은 말하자면 '매핑'하는 지적知的 습관이 없는 사람을 말합니다. 흔히 '나는 나다', '나에게는 나만의 방식이 있다'는 말을 하지만, 이런 사람은 '머리가 나쁜가 보군' 하고 판단해도 무리가 없습니다. 그 사람이 말하는 '나'의 구

힘만 조금 **뺐**을 뿐인데

성 요소는 거의 대부분 역사적으로 '만들어진 것'이니까요. 그 사람과 완전히 똑같은 '나'라는 사람이 그의 동세대뿐만 아니라 그가 사는 지역에 무수히 많다는 사실을 이 '나님'은 깨닫지 못하고 있는 겁니다. '나는 나'라는 거만한 태도를 가진 이상 내 관점이 형성된 역사를 알 수 없습니다. 혼자서 팔짱을 끼고 속으로 '그렇지, 그랬었지' 하고 반성해보아도 자신의 역사를 알기란 불가능합니다.

왜냐하면 그때부터는 '공부'밖에 없기 때문입니다.

내 개성을 안다는 것은 '개성적 작품'을 만들어내는 것을 의미하지 않습니다.

그 부분을 착각하는 젊은이들이 너무 많습니다.

'이게 나의 감각이라니까' 또는 '나만의 고집이라고'라는 사람, 대부분 머리가 좋지 않습니다.

'내 개성을 안다'는 것은 본래 '소거해가는' 작업입니다.

내가 살고 있는 사회가 성립된 배경을 '공부'함으로써 특정 세대, 특정 지역집단 전체를 덮고 있는 '대기압'을 인식할 수 있는 사람만이 그 대기압을 소거하고 남은 것들을 자신의 '개성'으로 인지할 수 있습니다.

방금 전 '세대론'에서 '위조된 공동 기억'이라는 말씀을 드렸는데, 만약 개성이라는 것이 정말로 발견되어 표현되어야 한다고 생각한다면, 자신의 기억 속에서 위조되어 외부로부터 '사후에' 주입된 부분을 추려내 소거해나가는 작업이 필요합니다. '비틀스 세대'로서 비틀스를 듣고, '전공투 세대'(학생운동이 활발했던 1960~1970년대에 대학생이었던 세대를 말한다. 전공투는 전국학생공동투쟁회의의 약자다—옮긴이)로서 학생운동에 참여했다는 식으로 '날조된 기억'을 내면화한 동세대인을 나는 몇 명인가 알고 있습니다. 그들은 실시간으로 비틀스를 듣지도 않았을뿐더러 학생운동에도 등을 돌리고 있었습니다. 하지만 그 사실을 망각한 채 더욱 쾌적한 '공동 기억'을 그들의 역사 안에 들여놓았습니다. 만일 이 사람들이 정말로 개성적이라고 한다면 공동적 '모조 기억'이 아니라 그들이 소년 시절에 누구와도 공유하지 못하고 누구에게도 인정받지 못한, 그들 내면의 비밀이나 독특한 환상 또는 정념을 기술하는 일부터 시작해야 할 것입니다.

모든 세대는 그 세대 고유의 '정사正史'를 갖고 있습니다. 예컨대 유행한 음악이나 인기 TV 프로그램, 만화, 영화의 기억을 들 수 있겠지요. 동세대와 만나는 자리에서 "아, 저거, 나도 매주 봤었어"라며 분위기에 취해 말하는 경우가 많은데, "아, 나도"의 상당 부분은 (아마 알고 있겠지만) 몹시 과장되어 있습니다(사실은 '매주'가 아니라 '가끔'이거나, 혹은 '전혀'일지도).

하지만 이 한 줌의(또는 지나친) 과장에 따라 '우리들'이라는 기억의 공동체에 '나'라는 사람이 주민등록을 가질 수 있게 됩니다.

그러나 **개성적이라는 것은 '기억의 공동체'에 주민등록을 원하지 않는다는 뜻입니다.** 머릿속에 가득 찬 '위조된 공동 기억'을 없애버리고, 누구와도 공유하지 않은 생각, 누구에게도 말하지 못한 욕망,

한 번도 말로 할 수 없었던 심적 과정을 축적한다는 뜻입니다.

이것은 철저히 지적인 행위입니다. 미디어에서는 사람들이 '개성적'이라는 말을 실로 편하게 사용하고 있지만, '개성적'이라는 것은 어떤 의미에서는 매우 힘든 일입니다. 누구에게도 인정받지 못하고 누구에게도 존경받지 못할뿐더러 누구에게도 사랑받지 못합니다. 그것을 각오한 사람만이 '개성적이라는 것'에 판돈을 걸 수 있으니까요.

그렇게 할 수 있는 사람은 정말 소수입니다. 그러므로 진짜 개성적인 사람은 '나는 개성적인 사람'이라고 착각하는 사람의 천분의 일도 되지 않겠지요.

≋ 몸의 센서를 켜놓는다는 것

메이지 시대에 태어난 세대까지는 '형식'이라는 것을 매우 중시했습니다. 사람의 내면이 어떤지를 묻기 전에 먼저 외면부터 엄격하게 다스려야 한다는, 지켜야 하는 형식이 있었습니다.

'무사는 굶고도 먹은 체한다'는 말은 공복이라는 '내면'보다도 등을 쫙 펴고 으스대는 '외면'을 우선시한다는 의미입니다. 눈앞에 지폐가 떨어져 있어도 인파를 헤치고 그것을 줍는 것은 '천한' 행동이라고 느낀다는 것이지요.

이는 미의식이나 이데올로기와 같은 두뇌적인 것이 아니라 신체적인 것이라고 해야 합니다. 아무리 '아, 돈이다. 주워야지' 하고 생각해도 몸이 말을 듣지 않습니다. 옛 일본 사람들은 아마도 몸 안에 그런 '형식'을 지니도록 길러지지 않았을까 합니다.

흔히 듣는 말이지만, 일본인에게는 기독교의 하나님과 같은 전지전능한 신이라는 개념이 없습니다. 한편 기독교 문화에서는 사람

　　　　　　　　　　　　힘만 조금 **뺐**을 뿐인데

들이 보고 있지 않은 곳에서도 하나님은 보고 계시니 부끄러운 짓을 할 수는 없다고 여깁니다.

『국화와 칼』에서 루스 베네딕트는 이를 '죄의식'이라고 불렀습니다. 그에 비해 일본인은 타인의 눈에 신경을 쓰기 때문에 부끄러운 짓을 하지 못합니다. 그는 이를 '수치심의 문화'라고 썼습니다.

이때 일본인을 수치스럽게 하는 '타인'은 특정한 곳에 있는 특정한 개인을 구체적으로 가리키는 것이 아닙니다.

'이 꼴을 다른 사람에게 보일 수는 없다'든지 '세상에 어떻게 얼굴을 들고 다니겠느냐'라고 할 때의 '사람' 또는 '세상'은 구체적인 누군가가 아닙니다. 일종의 추상적인 개념입니다. 그런 추상적 개념이 개인의 신체 안에 각인되어 있으면 혼자 있을 때에도 '경박한 짓'이나 '비열한 짓'은 할 수가 없습니다. 하려고 해도 몸이 굳어서 움직일 수가 없는 사태가 벌어집니다. 하나님이 보고 있기 때문이 아닙니다. 자기 자신의 몸 안에 있는 '타인'이 보고 있는 것입니다.

'수치심의 문화'라는 것은 이런 형태로 사회규범이 내면화 혹은 신체화된 문화입니다. 그 '신체화된 사회규범'을 나는 '형식'이라고 바꿔 부르고 있는 셈입니다.

'형식에 묶여 있다', 이는 일본인들 윤리성의 특징적인 면입니다.

본질적으로 무종교적인 일본인에게는 그 행동이나 본심을 전부 꿰뚫어보는 '전능한 신'의 존재가 잘 상상되지 않습니다. 일본인의 윤리성을 담보하고 있는 것은 신이 아니라 오히려 개인들 안에 내면화, 신체화된 사회규범입니다.

일본은, 자주 듣는 말처럼 '타자 지향'이 매우 강한 사회입니다. '타자 지향'이 강한 사람이란 늘 주변 사람들을 살피고 그들의 작은 변화에도 세심하게 반응하며 자신의 태도를 정하는 사람을 말합니다. 그런 상호 참조적인 방법을 통해 A가 옆에 있는 B의 눈을 신경 쓰고, B가 어떻게 사는지를 참고하면서 자신의 태도를 정합니다. 한편 B는 옆에 있는 A의 방법을 참고하면서 자신의 태도를 정하지요. 이렇게 상호 참조, 상호 규정하는 동안 A와 B의 인상은 점점 닮아갈 것입니다.

이런 문화 때문에 일본이 매우 균질적인 사회가 되었다는 사실, 이것이 문제라면 문제겠지만, '신 없는 나라'에서는 이렇게 '타인' 또는 '세상'의 시선을 상상하고(아무도 보는 사람이 없는데도) 그 시선이 자신을 꿰뚫어보고 있다고 인식해 스스로의 행동을 규제하는 제도를 운용함으로써 개인으로부터 최소한의 윤리성을 확보한 것입니다. 따라서 일본의 균질적 문화는 어느 정도는 불가피한 면이 있었다고 봅니다.

'경박하다'든가 '비열하다'든가 '품위 없다'는 말에서 드러나는 윤리적 규제는, 잘 생각해보면 알 수 있듯이, 절대적인 기준이 있어 결정되는 것이 아닙니다. '절대적으로 경박한 행위' 혹은 '언제 어떤 상황에서도 품위 없다고 여겨지는 행위' 따위는 존재하지 않습니다. '경박하다', '비열하다'는 하위 집단에서의 규칙입니다. 그런 판

힘만 조금 뺐을 뿐인데

단 기준을 공유하는 작은 집단 안에서만 힘이 있는 규범인 것입니다. 그것은 '타인'이나 '세상'의 시선을 내면화한 사람에게만 타당한 종류의 윤리성입니다.

일본이라는 나라에서는 오랫동안 그런 '로컬적인' 규범이 인륜지사의 바탕이 되어왔습니다. 그에 대신할 것을 가지지 못하기도 했고요. 그러한 윤리성을 바탕으로 자란 각 세대 최고의 인물들은, 타인이 보고 있는 곳에서나 보고 있지 않은 곳에서나 항상 몸가짐을 바르게 하고 자기 중심을 단단히 세우고 살아가는 사람들이었을 것입니다.

이렇듯 신이 아니라 타인의 시선을 지나치게 의식함으로써 자기 자신을 다스리는 일본의 윤리성을 단적으로 표상하는 것이 가문家紋을 장식한 예복이었을 것입니다.

이 예복(가끔 사극 만화에서 틀리게 그리는 경우가 있지만)에는 가문이 다섯 개 붙어 있습니다. 가슴에 둘, 소매 뒤편에 둘, 등에 큰 문장이 하나.

즉 가문은 3 대 2의 확률로 '뒤에서 보이는 것'이 됩니다.

등에 있는 가문은 문중의 격을 상징합니다. 무사들은 태평하게 다른 사람이 건드리게 두어도 안 되고, 더러운 것을 묻혀서는 안 되는 매우 소중한 상징을 등 한복판에 장식하고 다녔습니다. 자기 몸에 지니고 다니는 가장 소중한 징표를 '나는 볼 수 없지만 타인은 볼 수 있는 부위'에 붙였던 것입니다.

이것은 옛날 무사들의 신체감각을 상상할 때 하나의 중요한 단서가 됩니다.

무사는 걸을 때 의식을 '등 가운데'에 두고 있었다고 합니다.

간제 류(觀世流, 일본 전통 가면 음악극인 '노能'의 유파 중 하나— 옮긴이)의 시테카타(シテ方, 가면을 쓰고 연기하는 노能의 주역을 말한다— 옮긴이) 계승 자분에게 "노能 악사는 등을 어떻게 의식하고 있습니까?"라고 여쭤본 적이 있습니다. 그때 간제 류 선대 종주인 간제 사콘觀世左近의 등이 몹시 아름다운 이유를 알 수 있었습니다. 시테카타에서는 약간 앞으로 기울어서 앉기 때문에 아무래도 등이 굽는 경향이 있지만, 간제 사콘은 근사하게 곧은 등을 유지하고 있어 덕분에 예복의 문장이 전혀 울지 않았던 겁니다. 아마도 공적인 자리에서 연주되던 악극인 노가쿠가 에도시대에는 무사들의 '옷매무새'와 깊은 관계를 맺은 결과로 짐작됩니다.

문장을 꿰맨 예복을 입고 허리에 검을 찰 때는 무사의 몸 왼쪽 뒤편에 두 척尺 몇 촌寸쯤 되는 검초(劍鞘, 칼집의 다른 말— 옮긴이)가 튀어나와 있습니다.

잘 아시다시피 검초를 건드리는 것이야말로 가장 무례한 행동입니다. 누군가가 자신의 검을 건드리고 지나가면 그 순간 '이 무례한 놈'이라고 외치며 베어버리는 일이 '가능할' 정도로 무례한 일이니 검을 허리춤에 꽂고 있는 사람은 필사적입니다. 타인이 절대 건드

힘만 조금 **뺐을** 뿐인데

리도록 두어서는 안 되는 물건을 자기 눈에 들어오지 않는 곳에 수십 센티미터나 튀어나온 채로 두고 있기 때문입니다. 옛 사무라이들이 얼마만큼 등에 의식을 집중하고 있었는지 쉽게 짐작하실 수 있을 겁니다.

이렇게 일본의 옛 사람들은 시야에 들어오지 않는 등까지 계속 빈틈없이 주시하고 있었습니다.

'남자가 밖에 나갈 때는 일곱 명의 적이 있다'는 속담이 있습니다. 최근에는 별로 쓰지 않지만요(아마 가부장적이라든가 하는 이유로 자체적으로 자정작용이 일어나고 있겠지요). 그런데 이 속담은 꼭 그런 성차별적인 이데올로기를 나타내고 있는 것은 아닌 듯합니다. 나는 '일곱 명의 적'이란 '일곱 방향'을 뜻한다고 해석합니다. 밖을 향해 한 발짝이라도 내딛을 때는 앞만 보지 말고 전후좌우 여덟 방향을 보라, 하는 가르침을 주는 것 아니겠습니까?

멍하니 있는 사람은 자기 앞에 있는 한 방향밖에 보지 못합니다. 이 속담은 나머지 일곱 방향에도 빈틈없이 센서를 켜두어야 한다는 사실을 가르쳐줍니다. 일부러 '적'이라는 강력한 어휘를 씀으로써 센서의 감도를 최대한 올리라는 뜻을 전달한 것입니다.

나의 공간적 '위치 설정'에 대해 옛날 사람들은 지금보다 더욱더 민감했고, 그것을 감지하는 센서의 감도를 높이기 위해 다양한 고민을 했습니다. 그도 그럴 것이 당시에는 신분이나 위치에 따라 복장이며 말씨, 몸가짐 등 모든 것이 달랐습니다. 일어설 때, 걸을 때,

인사할 때, 무사와 상인, 남자와 여자, 어른과 아이는 '형식'이 달랐습니다. 화장법 하나만 보더라도 결혼하기 전과 후가 달랐고요(요즘 사극에서는 기혼 여성이 이를 검게 물들이는 모습을 볼 기회가 사라졌지만). 그런 섬세한 신체성의 차이가 '형식'으로 정해져 있었습니다.

일본의 윤리는 '죄의식의 문화'가 아니라 '수치심의 문화'라는 베네딕트의 설을 나는 매우 훌륭한 분석이라고 생각하고 있습니다. 하나님이 마음속까지 꿰뚫어보는 게 맞다면 행위나 모습, 모양새는 주변 사람들이 어떻게 보든 부차적인 것에 지나지 않으니 마음만 올바르게 가지면 됩니다. 그러나 '타인'은 마음속까지 보아주지 않습니다. 마음이 올바르더라도 행위나 모습, 모양새에 그것이 외형화되어 있지 않으면 그 '올바름'은 사회적으로 인정받지 못합니다. 따라서 **일본의 '수치심의 문화'는 동시에 '형식의 문화'가 될 수밖에 없었다**, 나는 그렇게 생각합니다.

사람의 '내용'은 미뤄두고 우선 '형식(외형)'이 바르게 되어 있는지, 그것을 체크하는 것이 '형식의 문화'적인 발상법입니다. 우선 '형식'을 정합니다. 그리고 형식을 신체에 각인시키며 내면화하다가 마침내는 아무도 보지 않는 곳에서도 그 때문에 마음의 욕망대로 행동하지 못하게 되는 것이 일본의 윤리 교육이지 않았나 합니다.

기독교적 접근은 정반대의 프로세스였지만, 인간을 사회화하는 목적이 '자신의 이기적인 욕망을 제어하고 사회규범을 준수하며 살아가는 사람', 즉 '시민'을 배출하는 것이라면 어떤 코스를 선택하든 상관없는 듯합니다. 가나가와 쪽에서 오르든, 야마나시 쪽에서 오르든 후지산은 후지산입니다.

'형식'을 배우는 것은 신체를 컨트롤하는 기술을 배운다는 뜻입니다. '형식'을 통해서 사회적인 자신의 포지션, 즉 '본분을 안다는 것'입니다. 본분을 아는 것은 방금 전에도 언급했듯이 '매핑한다'는 뜻이겠지요. 지도상에 있는 자신의 위치를 아는 것, 자기를 포함한 풍경을 상공에서 내려다보는 시점에 서 있다고 상상하는 것입니다.

지금은 아직 어린 아이가 앞으로 어른이 되려면 어떻게 해야 하는지 고민할 때, 스스로 가야 할 방향을 알기 위해서는 반드시 이렇게 전체를 내려다볼 수 있는 좌표에 서 있다고 상상할 수 있어야 합니다.

'등 쪽에서 보면 나는 어떤 식으로 보일까' 하는 의식을 갖는 것, 이는 그 상상을 위한 기초훈련인 셈입니다.

일본의 전통문화라고 하면 이렇듯 신체적 센서를 활성화함으로써 공간 속의 자기 위치를 항상 의식하는 문화가 아닐까 합니다.

그러나 요즘 사람들은 자신의 시야에 들어오는 것만 봅니다. '일곱 명의 적'은커녕 주변이 모두 자기편이라고 생각하고 무방비하게 등을 노출한 채 태연하게 위험한 곳을 걷습니다.

조금 전 말씀드린 노能 악사분은 신칸센 역에서 열차를 기다리고 있을 때 반드시 등을 벽 쪽으로 하고 서 계신다고 합니다. 다리도 양쪽에 균일하게 힘을 주지 않고 좌우를 바꿔가며 서 계신다고요.

"왜 그렇게 하세요?" 하고 여쭀더니 "누군가가 뒤쪽에서 밀쳐서 떨어지기라도 하면 안 되잖아"라고 대답하시더군요.

"양발에 힘을 주지 않는 건 바로 대처할 수 있도록 하려고. 누가 칼로 베려고 하면 바로 반응할 수 있도록 하는 거지"라고요.

신칸센 역에서 갑자기 칼을 들고 달려드는 사람이 그렇게 많지는 않을 테니까 조심성 있는 분이구나 하고 웃고 말았는데, 그 후 이분의 무대를 봤을 때, 아아, 역시나 싶었습니다.

고켄(後見, 배우의 출연 중에 대사를 일러주거나 뒷배를 보아주는 사람을 말한다—옮긴이)으로 등장해 시테가家의 사람이 놓아둔 예복을 가지고 그대로 쓰윽 물러나더군요. 단지 그것뿐인 장면이었습니다. 하지만 대부분의 관객이 무대에서 춤을 추는 시테카타가 아니라 고켄 쪽을 보고 있었습니다. 쪽문으로 사라지는 고켄의 뒷모습이 노의 움직임 면에서 완성도가 높았기 때문입니다. 등 뒤로 자신이 어떻게 보이는지를 알기 위해 자기 눈에 보이지 않는 부위에 전방위 센서를 달아 매우 밀도 높은 신체 운용을 했기 때문에 관객들이 그쪽에 끌렸던 것이고요.

그렇구나, 이런 장면을 위해서 평소부터 등 가운데에 센서를 작동시키는 연습을 해오셨던 것이로구나, 하는 사실을 깨달았습니다.

이렇게 신체적 감지 능력이 뛰어난 사람은 거리를 걸을 때도 바로 알아볼 수가 있습니다. 사람들과 부딪치지 않고 잘 걷기 때문입니다. 앞에서 오는 사람의 수 초 후의 움직임을 예측하면서 걷기에 가능한 일입니다. 시야가 좁은 사람은 바로 자기 앞밖에 보지 못해서 금세 어깨를 부딪치게 되는데 말이지요.

이런 능력을 축구, 럭비 등에서는 '스캔할 수 있다'고 말합니다. 아사히테쓰 카마이시(일본 프로 럭비팀 중 하나─옮긴이)의 전설적인 스탠드오프였던 마쓰오 유지(전 럭비 선수. 현 스포츠 캐스터─옮긴이)는 대단한 스캔 능력의 소유자였습니다. 볼을 가지고 골문을 향해 돌진할 때 그의 진로를 막으려고 달려드는 수비 선수들의 수 초 후 위치 관계를 예측할 정도였습니다. 그래서 수비 사이에 기적적으로 생긴 공간을 뚫을 수 있었습니다. 천재적으로 감이 좋은 사람은 수비의 '지금' 위치가 아니라 '몇 초 후'의 위치를 예견하고 그곳을 향해 돌진합니다.

그런 의미에서 스캔 능력은 나를 포함한 필드 전체를 상공에서 내려다보고 매핑한 후 거기에 시간 축을 더한 사차원의 시뮬레이션이 가능하다는 뜻입니다. 이런 움직임은 단순히 발이 빠르다든가 몸싸움에 강하다든가 하는 해부학적 요소로는 설명이 불가능합니다. 공간적·시간적인 매핑 능력은 훨씬 종합적이고 신체적입니다.

하지만 그런 종합적인 신체 능력을 훈련하거나 육성하는 교육 프로그램은 현재 일본의 가정, 학교, 사회 어디에도 없는 실정입니다.

≋ 신체 감수성이 쇠퇴하고 있다

2001년, 250명이 넘는 사상자를 낸 아카시 시市 육교 사고(2001년 아카시 시 해안에서 열린 불꽃놀이 대회를 보기 위해 운집한 관람객들이 육교로 몰려 11명이 압사한 사고. 경찰의 허술한 경비와 사고 후 대응에 대한 비판이 쇄도했다—옮긴이)가 발생했습니다. 사망자를 질타할 생각은 없지만 이 사건에서 나는 현대인의 신체감각이 쇠퇴하고 있는 징조를 느꼈습니다.

신체감각이 쇠퇴한다는 것은 요컨대 '매핑하는 능력'이 저하되고 있다는 뜻입니다. '위에서 나를 내려다보지' 않고 '옆 사람을 보고 그것과 같은 행동을 취한다'는 의미이기도 합니다. '다들 가니까 괜찮겠지' 하고 느끼는 것이 신체적 감수성의 쇠퇴를 보여주는 극단적 징후입니다.

'옆을 보고 흉내를 내는 사람'은 자신의 신체가 위험을 살피고 '멈춤'이라는 신호를 보내도 그것을 무시하고 '다들 가니까 괜찮겠지'

힘만 조금 뺏을 뿐인데

라는 두뇌의 예측을 믿어버리기 때문입니다.

'사람이 엄청 많으니까 가지 않는 게 나을 것 같은데. 더 기다려 봐야 할지 멀리 돌아가는 게 나을지 모르겠네…….' 이런 약간의 신체적 위기감을 그곳에 있는 모두가 미약하게나마 감지하고 있었을 것입니다. 인간의 신체감각은 일정 이상의 인파에는 위험을 느끼도록 설계되어 있으니까요. 어느 정도 인원의 사람들이 있고, 이 속도라면 앞으로 몇 분 후에는 어떻게 될지를 상상한다면 '가지 않는 게 좋겠다' 정도는 판단할 수 있는 직관 능력을 누구나 본래 가지고 있습니다. 문제는 그 센서가 기능하지 않았다, 혹은 기능했는데도 위험신호를 무시했다는 점입니다.

이는 현대인들의 위험 감지 능력이 저하되었다는 사실뿐만 아니라 자신의 신체가 발신하는 위험 감지 신호를 '믿을 수 없게 되었다'는 징후입니다.

경비 체제에 허술함이 있었던 것도 사실이고, 구조 체제가 제대로 갖춰져 있지 않았던 것도 사실이지만, 그와 동시에 신체가 분명히 보냈을 위험신호를 이른 단계에서 감지해 우회 행동을 취하지 않았던 데에 대해서는 피해자 측도 반성해야 할 점이 있다고 생각합니다.

다들 강력하게 저항했다면 무리하게 육교에 들어설 수는 없었습니다. '이건, 위험한데' 하고 의심하면서 자기도 모르게 흐름에 휩쓸려 스스로 재난 속으로 들어가 버린 사람들도 제법 있었을 겁니다.

아마도 한편에는 바로 그 전 단계에서 '아, 안 되겠는데. 안 가는 게 좋겠는데'라고 감지하고는 그대로 발길을 돌린 사람도 있었을 테고요. 아마 그 육교의 계단을 올라가기 전에 대부분의 사고 피해자들은 '순간의 주저함'을 경험했음이 틀림없습니다.

물론 "뒤에서 미는 바람에 그땐 이미 움직일 수 없었다"라는 증언도 있지만 '이미 움직일 수 없는' 상태가 되기 전에, 앞으로 몇 초 동안 이대로 가면 '더 이상 움직일 수 없는' 상태가 될지도 모른다는 '불쾌한 예감'이 있었을 것입니다. 그 신체 신호에 반응해 '아직 움직일 수 있는' 단계에서 홀로 인파를 거스르더라도 안전한 곳으로 돌아가는 단독 행동을 선택할 여지가 있었을 것이라고 봅니다.

그것을 불가능하게 만든 감수성의 기능 이상은 부실한 행정과 함께 심각한 **사회문제**가 아닐 수 없습니다.

인간이 살고 있는 장소는 어디든 어느 정도는 질서가 있고 어느 정도는 안전이 확보되어 있지만 동시에 뜻밖의 위험이 숨어 있기도 합니다. 책임이야 사후에 다른 사람들이 지더라도 부상을 당하고 죽는 것은 자기 자신입니다. 파란불이 켜졌을 때 좌우를 확인하지 않고 횡단보도를 건너다 신호를 무시하고 달려온 차에 치여 사망한 경우 '신호를 무시한 차'에 책임이 있는 것은 명백합니다. 하지만 책임 소재가 밝혀지더라도 죽은 사람은 살아 돌아오지 않습니다. 우선시해야 할 것은 나중에 책임 소재를 가리는 일이 아니라 일단 죽지 않는 것입니다. 무엇보다 사고를 피하는 것, 위험한 상황에 처하지 않는 것이 중요합니다. 그렇게 앞뒤를 가리는 일부터 삐걱거리고 있습니다.

'이대로 가도 괜찮을까, 아니면 돌아가야 할까' 하는 상황은 우리가 맞닥뜨리는 전형적인 위기입니다.

어떤 생물이든 반드시 그런 기로에 서게 됩니다. 이 경우 선택지는 두 가지입니다. 하나는 '위험을 느꼈다면 그곳을 떠난다'는 판단. 또 하나는 '위험을 느꼈다면 다수를 따른다'는 판단입니다.

초식동물이 사자 등의 육식동물에게 포식될 위험에 직면했을 때는 '혼자 도망갈지' '무리와 같이 행동할지' 선택해야 합니다. 그리고 경험으로 '무리와 같이 행동한다' 쪽이 확실히 살아남을 확률이 높다는 것을 배웁니다(어떤 개체 하나가 먹히고 있는 동안 다른 개체들이 도망갈 수 있기 때문이지요). 우리의 동물적인 직감은 대부분의 경우 위기에 직면하면 '무리와 같이 행동하라'는 명령을 내립니다. 이는 거의 본능적인 반응입니다. 그리고 본능은 대부분의 경우 올바르게 기능합니다.

그러나 인간은 본능적인 반응만을 하지 않습니다. 이는 동물과 달리 인간만이 '대중사회'라는 집단의 형태를 취하는 것과 관련이 있습니다.

'대중사회'란 니체가 주장한 근대 공동체의 모습을 말합니다. 쉽게 말하자면 무언가 결정을 내릴 때 '자기 한 사람의 이익을 최대화하는 선택은 무엇인가'가 아니라 '모두는 어떤 선택을 하는가'를 보고 '모두'를 따르는 것을 주도적인 원칙으로 삼는 사회를 뜻합니다.

결단을 내릴 때 원칙적으로는 '올바름'의 기준을 따르는 것도 아니고 자신의 에고를 위한 이익을 최대화하기 위함도 아니고 '다들 그렇게 하니까'라는 이유로 결단을 내리는 사람들, 그들이 바로 '대중'입니다.

동물이 '모두와 행동을 같이한다'는 것은 어디까지나 '살아남기 위해 그것이 최선이다'라는 본능적인 동기에서 비롯된 것입니다. 그러나 인간에게는 그런 명확한 기준이 없습니다. '자기 이익을 최대화하기 위해 산다'는 동물적인 행동 원리가 인간에게는 더는 기능하지 않게 되었기 때문입니다.

한 예로, 국가 혹은 경찰은 우리가 법률을 위반했을 때에는 우리의 '자기 이익'을 훼손하는 것으로서 기능합니다. 실제로 그 때문에 우리는 체포되기도 하고 벌금을 내기도 합니다. 그렇다고 해서 무국가, 무경찰 상태가 우리에게 이익이 되는가 하면 그럴 리가 없지요. 누가 생각해도 특권을 쥐고 있는 일부의 강자들이 모든 사회적 자원을 탈취하고 점유하는 아나키즘 사회의 출현은 대다수에게 전혀 유쾌한 것이 아닐 테니까요.

그러므로 근대 시민사회에서는 자신의 생명, 신체, 재산을 안전하게 확보하기 위해서 사리私利의 추구를 제한할 권한을 공공의 기능에 맡긴 것입니다(적어도 근대 시민사회론에서는 그렇게 설명하고 있습니다).

따라서 눈앞의 사리사욕을 추구하기 위해 스스로에게 공공의 규칙을 짓밟을 권리를 허락하는 이는 동시에 내가 가진 것 이상의 강력한 힘을 지니고 나보다 더 무자비하게 사리사욕을 추구하는 타인이 있다고 가정했을 때, 그 사람이 나의 이익 실현을 유린하는 데에도 동의한다고 서명한 셈입니다. 긴 안목에 서서 스스로에게 이익을 주기보다 해가 될 가능성이 큰 선택을 하는 사람은 '이기적'이지 않습니다.

이와 마찬가지로 모두와 같은 행동을 하는 사람들도 '공적인 원칙은 무엇을 위해 있는가' 하는 본질을 놓치고 있는 것은 아닐까요? '모두가 특정 규범에 따라 질서정연하게 행동하는' 것이 장려된다면 그 편이 장기적 시점에서 구성원 한 사람 한 사람의 사리를 추구하는 현실에 유리하기 때문입니다. 따라서 반대로 '모두와 똑같이 행동하는' 것이 개인의 생존과 이익 실현에 불리할 가능성이 크다고 판단되었을 경우에는 그 선택지를 피하는 선택도 당연히 있을 수 있습니다.

불가피하게 '무리를 쫓을 것인가' '무리에서 멀어질 것인가' 판단을 내려야 하는 상황에 처했을 때, 엄밀하게 말해 '이기적인' 개체는 판단을 주저하지 않습니다.

'무리를 쫓을 것인가' '무리에서 멀어질 것인가'의 기로에서 혼란스러워하는 이유는 아마 현재의 인간이 '이기적'이라는 말의 의미를 잘 알지 못하고 있기 때문입니다.

아카시 육교에서 일어난 사건은 어떤 의미에서 보면, 평범한 일상에 갑자기 등장한 이런 종류의 결정적 기로입니다. 이와 같은 상황에서 일반적인 해답은 없습니다. 자신의 직감에 따라 순간적으로 판단할 수밖에 없습니다.

이 사건이 우리에게 주는 가장 큰 교훈은 **현대인은 '무리와 행동을 함께하는' 생존 전략상의 유리함과 안전성을 과대평가하는 경향이 있다**는 것이 아닌가 합니다. 이 사건이 발생하자 '누구의 잘못인가' 하는 범인 찾기에 사람들의 이목이 집중되어 경찰과 경비 회사, 시의 책임 공방이 잇따랐고, 언론의 보도도 대개 그런 식이었습니다. 하지만 그것만으로는 본질적인 문제 하나를 건너뛰고 있는 것 같은 느낌이 듭니다.

이 사건을 돌아보고 앞으로 어떻게 대처해야 할 것인가를 고민할 때 중요한 점은 인파가 많을 것으로 예측되는 장소에서는 경비를 삼엄히 하고 구조 시스템을 정비하는 것뿐만이 아니라, '무리와 함께 행동하는 것' 자체가 치명적인 위험일 수도 있다는 점을 제대로 알리는 것 아니겠습니까? **다수와 함께하는 행동이 늘 안전을 보장하지는 않는다**는 것, 그것이 이 사건에서 건질 수 있는 귀중한 교훈 가운데 하나입니다.

감을 높이는 신체 활용 〰〰〰

안타까운 이야기지만 요즘 아이들은 태어나 자라는 과정에서 신체 감수성이 서서히 둔감해지는 환경에 놓여 있습니다.

도시에서 생활하는 사람은 시각적·청각적으로 받는 자극이 지나치게 많기 때문에 감각의 회로를 꺼둘 수밖에 없습니다. 당연하겠지요. 거리에 넘치는 시끄러운 음악, 종용하는 듯한 광고, 길 위와 차 안에서 끊임없이 들리는 안내방송 따위에 하나하나 반응하다 보면 몸이 남아나지 않을 겁니다.

그래서 감각이 입력될 때는 선택적으로 들리지 않거나 보지 않음으로써 나를 보호해야 합니다.

그런 방어 시스템의 일환으로 도시 생활자들은 스스로 감각을 꺼둡니다.

사람은 귀에 듣기 싫은 주파수를 끌 수 있고, 보고 싶지 않은 것에 눈을 감을 수 있고, 맡고 싶지 않은 냄새를 맡지 않을 수도 있습니다. 따라서 도시 생활자는 붐비는 곳에 있을 때에는 대개 시선을 좁은 시계視界로 고정하고, 선글라스를 써서 시야를 어둡게 하고, 귀는 헤드폰으로 막고, 어깨를 움츠려 가슴을 조이고, 바깥 공기에 닿는 피부의 표면적을 최소화하고, 악취를 맡지 않도록 후각을 죽이고, 숨도 결코 깊게 쉰다고는 하지 못할 정도로 애를 쓰고 있습니다.

감각의 차단은 몹시 번거로운 일이지만 그럴 만도 합니다. 보고 싶지 않은 것, 듣고 싶지 않은 것들이 거리에 흘러넘치고 있으니까요. 도시에 사는 이상 감각 정보를 선택적으로 차단하는 일은 자기방어를 위해 불가피합니다.

그러나 신체의 균형을 뒤흔드는 감각의 잡음으로부터 몸을 보호하기 위해 감수성의 회로를 차단하면 때로 자기방어에 정말 필요한 지각 정보까지 지나쳐버릴 우려가 있습니다.

자기 주변을 방어하고자 울타리를 치는 것은 바깥에서 일어나는 일에 둔감해지는 것과 마찬가지입니다.

요즘 아이들은 어릴 적부터 집에 틀어박혀 만화와 비디오게임 등 시각 중심의 놀이에 푹 빠지는 경향이 있습니다. 게임을 하면 동체시력(움직이는 물체를 보는 판단 능력—옮긴이)과 반사 신경은 향상되겠지만 그 외의 지각이나 종합적인 신체감각, 등 쪽의 감각 등은 기를 수 있는 방법이 없습니다.

균형감 있는 신체 감수성을 기르는 방법에는 여러 가지가 있습니다.

힘만 조금 **뺐을** 뿐인데

아이들의 놀이도 그중 하나입니다. 예를 들면 수건돌리기 같은 놀이가 있습니다. 술래가 안쪽을 보고 둥그렇게 앉은 아이들의 뒤편을 돌면서 누군가의 등 뒤에 손수건을 떨어뜨립니다. 그 후 한 바퀴를 돌 때까지 알아차리지 못하면 술래가 어깨를 두드리고 바로 그 아이가 다음 술래가 되는 놀이입니다.

이 놀이는 어떤 지각 활동을 개발하기 위한 것일까요?

손수건을 등 뒤에 떨어뜨리는 장면은 당연히 눈에 보이지 않고 소리도 나지 않습니다. 손수건이 공중에서 낙하할 때 공기의 진동은 술래의 소란스러운 발소리에 비하면 거의 지각되지 않을 것입니다. 그래도 직관이 좋은 아이는 손수건이 지면에 떨어지기 전에 자기 뒤에 술래가 손수건을 떨어뜨린 것을 감지합니다. 대체 이 아이는 **무엇**을 감지한 것일까요?

바로 술래의 마음에 떠오른 '사념邪念'입니다.

'이 아이 뒤에 손수건을 떨어뜨려야지' 하는, 술래의 마음속에 한순간 번뜩한 '악의'를 감지한 겁니다.

오컬트한 이야기를 하는 것이 아닙니다. 인간은 누구라도 긴장하면 심장 박동 수가 올라가고 땀이 나고 호흡이 얕아지고 체취가 변합니다. 공포와 불안뿐만 아니라 선망과 존경의 감정도 그런 미약한 신체 신호를 발신합니다(거짓말 탐지기는 이 원리를 응용한 것입니다).

직관이 좋은 아이는 자기 뒤에 손수건을 떨어뜨린 순간, 술래의 긴장이 가져오는 미약한 신체 신호를 민감하게 감지할 수 있습니다. 나는 그것을 '사념을 감지했다'라는 표현으로 바꿨을 뿐입니다.

수건돌리기는 신체 능력 개발을 위한 매우 훌륭한 놀이입니다. 원시시대에 우리의 선조들은 어두운 숲 속에서 육식동물이나 적대적인 타 종족과 이웃하며 살고 있었을 겁니다. 그때 자신을 공격하는 동물들이 내보내는 얼마간의 신체 신호를 감지할 수 있는 개체와 그렇지 못한 개체 중 어느 쪽이 생존 능력이 높을지는 두말할 나위가 없습니다. 혹시 선조들은 그때부터 살아남기 위한 기술로 감각을 통제하고 연마하기 위한 훈련을 '놀이'라는 형태로 아이들에게 반복시켰던 것 아닐까요?

숨바꼭질은 기원적으로는 아마도 수렵을 위한 감각 훈련이었을 것입니다. 보이지 않는 곳에 찾을 수 없도록 숨겨놓은 물건이 발신하는 미약한 공포와 기대를 품은 신체 신호, 그것을 감지하기 위한 훈련이었을 겁니다.

술래잡기, 깡통 차기(술래잡기를 변형한 일본의 전래 놀이 중 하나—옮긴이)와 같은 종류의 놀이는 아이들에게 발이 빨라야 한다든가 높은 곳에 오를 수 있어야 한다든가 하는 단순한 신체 운용 능력보다는 '기운을 감지하는' 종합적인 신체 감수성을 요구했으리라 짐작해봅니다.

그러나 지금의 사회 시스템은 그런 종류의 신체 신호 능력 개발을 위한 신체 감수성 훈련 기법을 잃어버리고 말았습니다.

학교 체육 수업은 100미터를 몇 초 만에 달리는지, 멀리뛰기는 몇 미터가 나오는지 등 디지털로 수치화할 수 있는 신체 능력에만 초점을 맞추고 있습니다. 물론 그런 능력도 사자에게 쫓기고 있을 때라면 '동물로서의 인간'이 생존하기 위한 중요한 능력이기는 하지만, 그것과 비슷한 정도로 혹은 그 이상으로 중요한 신체 능력은 '사자가 있을 것 같은 기운을 사전에 감지하는' 능력일 겁니다.

놀이 외의 신체 기법 중에도 그런 능력을 중시하는 것이 있습니다. 우수한 운동선수는 단순히 반사 신경이 좋다거나 근력, 골격이 좋은 선수일 뿐만 아니라 '스캔'하는 능력까지 뛰어납니다.

축구 스타 나카무라 슌스케나 다나카 히데토시는 거의 '등에 눈이 달려 있는' 정도의 신체감각을 가지고 있으며, 이치로(일본의 유명 프로야구 선수―옮긴이)는 상대 투수의 미묘한 몸의 움직임부터 볼의 릴리스 포인트가 어디인지, 어떻게 회전해서 어느 존으로 들어오는지를 순간적으로 판단해 그곳을 향해 배트를 컨트롤하며, 수비를 할 때에는 타자가 볼을 때리는 것과 거의 동시에 낙하지점을 예측해 그곳으로 빠르게 달려갑니다.

뛰어난 선수는 '일어난 사건'에 반응하는 것이 아니라 '일어날 조짐'에 이미 반응해 영 점 몇 초 차이로 미세조정이 가능하도록 신체를 훈련합니다. 이때 발휘되는 것은 '미래 예측'이라고 해도 과언이 아닐 정도로 종합적이고 섬세한 신체 능력입니다.

이렇듯 '미래를 읽는 능력'에는 **그 능력을 기르기 위한 훈련이 별도로 필요**합니다. 달리기나 근력 운동을 아무리 열심히 해도 이런 감각은 기를 수 없습니다. 힘들고 괴로운 부하負荷를 견디는 훈련은 오히려 신체감각을 둔감하게 할 뿐입니다.

나는 학생 시절에 한때 가라테空手를 배웠는데, 근력 훈련을 요하는 상당히 힘든 운동이었습니다. 손발의 근육과 관절이 아프니 통증을 견디려고 어쩔 수 없이 신체감각을 의도적으로 둔하게 만들게 되었습니다. 일시적인 무감각 상태에 빠지는 겁니다. 뇌를 백지 상태로 만들어 자동으로 움직이는 인형처럼 기계적으로 움직인다고 할까요.

그런 훈련은 찌르고 차는 속도나 강도 등의 물리적 힘은 확실히 키워주겠지만, 신체감각을 민감하게 하는 방향으로는 기여하지 않는다고 봐도 무방합니다.

신체에 반사운동을 각인시키기 위해 백지상태가 되는 것을 가라테 쪽에서는 '바보가 된다'라는 말로 표현했습니다. 그러므로 만약 신체 감수성을 높이려는 목적이라면 사실은 '영리해져라'라고 하는 게 맞습니다.

자율하는 신체 〜〜〜〜

내 몸의 내부가 어떤 상태인지, 등은 뒤에서 보면 어떤지, 내장을 지탱해주는 근육은 어떻게 긴장하고 있는지, 전신의 세포는 어떻게 움직이는지……. 실제로 그것들을 감지할 수 있는지 여부와는 별개로 신체의 내부를 의식하는 것은 매우 중요합니다.

무도武道에서 찌르거나 차거나 던지거나 조를 때 우리는 실제로 쓸 수 있는 힘의 몇 분의 일도 쓰지 않습니다. 하지만 사용할 수 있는 신체적 자원을 전부 동원하면 몇 배는 더 강한 힘이 나옵니다. 힘 차이가 제법 나는 상대에게도 위력을 발휘할 수 있는 이유는 자신이 쓸 수 있는 힘을 총동원하는 움직임인 찌르기와 베기에 더해 팔과 어깨의 근육, 내장을 지탱하는 근육, 등 근육, 대퇴근까지 사용할 수 있기 때문입니다.

하지만 이렇게 신체를 쓰는 것은 자신의 몸이 지금 어떤 상태에 있는지 끊임없이 관찰하지 않는 사람에게는 불가능합니다.

내 합기도 스승인 다다 히로시多田宏 선생은 '안정타좌安定打坐'라는 말을 자주 하십니다. 안정타좌란 '지관타좌'(只管打坐, 아무것도 하지 않고 그저 앉아 있는 것. 수행법의 하나 — 옮긴이)와 비슷한데, 올바른 호흡법과 명상법에 따라 단전의 기운을 북돋우는 수련법입니다. 이 수련의 목적 중 하나는 자신의 '신체 내부'를 바라보기 위함입니다.

무도와 같은 살상 기술에서 신체의 내부를 바라보는 등의 관찰 연습이 중요한 이유는 그것이 신체 감수성을 높이는 데 가장 좋은 훈련이기 때문입니다.

얼마 전에 처음 뵌 내가권(內家拳, 태극권 등 부드럽고 느린 속도로 수련하며 내적인 기를 중요시하는 무술을 말한다 — 옮긴이) 무술학 연구회의 미쓰오카 히데토시 사범은 의권(意拳, 팔괘장·태극권과 더불어 3대 내가권 중 하나. 형의권이라고도 한다 — 옮긴이) 연공練功에 뿌리를 둔 무술가로 그분의 기술은 단적으로 말하면 '서는 것'뿐입니다. 선 채로 자기 안에서 일어나는 일을 놓치지 않고 바라보는 것입니다. 그러고는 전신의 세포 하나하나까지 파고들어 각각의 세포가 자율운동을 시작할 수 있도록 몸을 맡깁니다. 하와이에 있을 무렵 미쓰오카 사범은 하루에 여덟 시간 동안 같은 자세로 서 있던 적도 있었다고 합니다. 바닷가에서 태평양을 바라보며 몇 시간을 서 있었다고요. 그 결과 몸이 아주 '섬세하게' 부분으로 분리되어갔습니다.

합기도의 '안정타좌'든 좌선이든 요가든 기수련을 위한 연공법이든, 그 목적은 아마도 신체 내부의 깊숙한 곳에 의식을 집중하는 데

힘만 조금 뺐을 뿐인데

있을 것입니다. 골격의 움직임, 내장의 움직임, 근섬유의 움직임, 나아가서는 세포의 움직임에 이르기까지 감각의 초점을 몸 안에서 활발하게 움직이고 있는 조직의 수준까지 이동시킴으로써 자신의 신체를 구성하는 무수한 '부품'에 대한 감각을 단련하는 것입니다. 이때 자신의 신체를 구성하는 무수한 '부품'의 자율성에 대한 '경의'는 필수입니다.

내 몸의 부위 하나하나에 '경의'를 품는 것, 이것이 신체 감수성의 개발에 있어 가장 중요한 마음가짐일 것입니다. 요로 다케시(해부학자, 사상가. 대표작으로는 『바보의 벽』, 『유뇌론』 등이 있다―옮긴이) 식으로 말하면 우리는 너무도 '뇌적腦的'입니다. 뇌가 신체를 지배하고 있다는 상명하달 시스템으로 심신 관계를 파악하고 있습니다.

그러나 사실은 그렇지 않습니다.

신체는 자신의 의사에 따라서 자유롭게 조작할 수 있는 조직이 아닙니다. 자율신경이 통제하고 있는 내장뿐만 아니라 사지와 골격, 근육 모두 각각의 방법으로 독특하게 자율적입니다. 자고 있을 때 우리가 모르는 사이에 신체의 이곳저곳을 뻗거나 굽히거나 구부리거나 하는 것은 신체가 자율적으로 조정하는 움직임입니다.

신체는 본래 스스로 '바람직한 상태'를 추구하도록 되어 있습니다. 그것을 짓밟고 휘어지게 하는 것은 인간의 영악한 지혜입니다.

따라서 신체가 자율적으로 조정하는 힘에 몸을 맡기고 몸이 가장 움직이고 싶어 하는 방향으로 모드를 전환하면 몸을 완전히 다르게 사용할 수 있습니다.

신체를 주의 깊게 쓸 수 있게 되는 겁니다.

혹은 그 전까지는 '블록'으로 쓰던 부위를 '해체'해서 쓸 수 있게 됩니다(그 전까지는 '그 사람들'이라고 한꺼번에 인식하고 있던 집단이, 저마다 이름과 얼굴을 가진 A씨, B씨, C씨, D씨…… 하는 개인으로 나뉘는 느낌과 같습니다).

마치 단체에 속해 있던 고객의 이름을 알게 되면 친근감이 솟듯이 신체를 사용할 때 구성 요소 하나하나를 배려하면서 쓰게 됩니다.

이것이 쇼세이칸松聲館의 고노 요시노리(甲野善紀, 일본의 무술가, 무술 연구가—옮긴이) 선생이 그동안 설파해온, '몸을 자잘하게 나눈다'는 말씀의 뜻으로 나는 이해하고 있습니다.

신체를 나누다 〰️

고노 선생은 '돌고래, 고래 등의 대형 어류'가 방향을 전환할 때와 '정어리 떼'가 방향을 전환할 때의 차이에 관한 비유를 자주 듭니다.

대형 어류는 머리 끝부분부터 시작된 움직임이 굽이쳐서 전신에 전달되고, 마지막으로 꼬리가 방향을 바꿀 때까지 도미노가 넘어가듯 연속적으로 시간차가 있는 운동을 합니다.

그에 비해 정어리 떼는 무리 전체가 한순간에 방향 전환을 마칩니다. 그것은 물결침도 휘둘림도 비틀림도 시간차도 아무것도 아닙니다. 고노 선생은 이것을 무도에서 이상적으로 여기는 신체 운용법의 사례로 제시했는데, 전신을 '잘게 나누는' 기술의 의미를 적확하게 찌른 훌륭한 비유입니다.

한편 정어리 떼는 전체 무리가 일제히 방향 전환을 할 때 거기에는 반드시 역방향으로 회전을 시작하는 '심술궂은' 개체가 있습니다. 이것은 시스템 충돌의 위험을 피하기 위한 일종의 생존 전략입니다. 생각해보면 그럴 만도 합니다. 정어리 무리의 다수가 직진하는 방향에 고래가 큰 입을 벌린 채 기다리고 있다면, 이 '심술궂은' 개체는 정어리 무리의 재생산에 보험과 같은 존재이기 때문입니다.

이렇게 신체를 잘게 나누어 쓸 때 발생하는 이점으로는 단순히 움직임이 빨라진다는 것 외에도 더 중요한 몇 가지가 있습니다.

예컨대 상대로부터 온 타격을 신체의 어느 한 점으로 받아낸 경우 그 충격이 전신의 미세한 부위까지 순간적으로 '흩어지게' 됩니다. 타격 에너지는 접촉한 지점에서 시작해 무한대로 작아질 때까지 전신에 분산되다가 제로가 되며, 반대로 공격할 때에는 전신의 각 부위에서 모인 에너지가 상대와의 접점에 응집되어 방출됩니다.

이것은 근육의 '힘'과는 다른 '경勁'이라는 물리적 작용입니다.

그렇게 갈고닦은 '발경'(發勁, 발생시킨 힘을 접촉면까지 가져가 작용시키는 다양한 방법—옮긴이)이 실제로 어느 정도 굉장한지 미쓰오카 사범으로부터 직접 배우면서 경험해보고 나는 이 연공법의 이치적 합리성에 확신이 섰습니다. 미쓰오카 사범에게 들은 이야기 중 흥미로웠던 것은 그런 단계가 되면 가라테 대련 시 상대의 공격을 이렇게 피해야지, 이렇게 반격해야지 하고 '생각하기 전에' 주먹이 상대의 가장 약한 부분을 향해 일직선으로 나아간다는 것이었습니다. 낚싯대의 릴이 줄을 감아 들이는 것처럼 상대의 가장 약한 부분이 사범의 주먹을 '감아 들인다'는 것이지요.

하와이 수련 중에 당신의 제자와 대련을 할 때 그 제자에게 마침

　　　　　　　　힘만 조금 뺐을 뿐인데

썩은 이가 있었는데, 주먹이 이끌려가듯이 그 부위를 향해 일격을 가하자 충치가 '또르르' 하고 빠졌다는 우스운 일화도 들은 적이 있습니다. 미쓰오카 사범은 이렇게 말했습니다. "그런 곳에 충치가 있을 줄은 정말 몰랐는데 주먹이 가고 싶어 하더라고." 신체의 왜곡된 지점이나 약점에 저절로 이끌려가는 발경의 작용을 천천히 부드럽게 쓰는 것이 바로 기공 치료입니다.

상처를 주는 기술과 치유하는 기술이 다르지 않다는 이치로 보면 기공 치료의 탄생은 당연합니다. 무도는 본래 인간의 잠재적 가능성을 최대화하기 위해 나타난 종합적인 '삶의 기술'이었으니까요.

무도적 신체관에서는 신체를 뇌 중심의 '상명하달'식 '수목arbre 형' 조직의 말단이 아니라 자잘한 조각들이 느슨하게 모여 있는 '리좀 형'(rhizome, 줄기가 마치 뿌리처럼 땅속으로 파고들어 난맥亂脈을 이룬 것으로, 뿌리와 줄기의 구별이 사실상 모호해진 상태를 의미한다—옮긴이) 조직이라고 봅니다.

신체의 각 부위가 자율적으로 움직일 수 있게 되면, 마음이 공포나 초조함을 느끼고 있는 때라도 신체 능력은 그것과는 관계없이 평소처럼 활동합니다. 공포 때문에 신체 능력이 저하되는 현상을 무도에서는 '거착'(居着き, 시합 중 동작이 일순 정지되는 상태를 말한다—옮긴이)이라고 말하는데, 이를 어떻게 극복할 수 있을지는 무술에서 중요한 문제입니다. 물론 그 해답 중 하나는 신체를 각각의 부분으로 나누어 자율적으로 운동할 수 있도록 단련하는 것이겠고요.

〰〰 무도에 표준이 있을까

문제는 현재 일본의 학교 체육이 의식적으로 신체를 세부적으로 나눠 쓰는 연습을 해야 한다는 과제에 거의 대처하지 못하고 있다는 점입니다.

학교의 체육교육은 뛰거나 달리거나 멀리 던지거나 하는 신체의 가능성 중 정말 일부의, 수치화할 수 있는 능력에만 집중하고 있습니다. 하지만 인간은 '운동신경이 좋다/나쁘다'와 같은 말로는 결코 이끌어내지 못하는 신체 능력을 본래 가지고 태어납니다.

앞서 예로 들었던 '위험 감지 능력'이나 '기氣 감응력'은 인간이 생물로서 살아가기 위해 필수적인 신체 능력이지만, 현재 학교교육에서는 이런 능력을 개발하기 위한 체육 프로그램이 없는 것이 현실입니다.

눈앞에서 사람이 움직이는 것을 파악하고, 그것을 신체적으로 기억하고 재현할 수 있는 능력은 시각 정보를 운동적으로 바꾸는 신체적 번역 기능입니다. 이 능력은 무용이나 형계고(形稽古, 무술 등에서 형식을 연마하기 위한 수련을 말한다—옮긴이)에서는 불가결하지만 학교 체육에서는 평가의 기회가 거의 없습니다.

물론 여기에는 역사적인 이유가 있으므로 학교 측만을 탓할 수는 없습니다. 과거 군국주의 이데올로기에 무술이 이용되었던 탓에 전후戰後를 즈음해 무도가 연성鍊成해온 인간의 잠재능력 개발을 위한 전통적 기법의 계보가 끊겨버렸기 때문입니다.

전후 일본에 주둔한 미군은 검도와 유도를 금지했습니다. 검술 영화도 '무도'라는 단어 사용도 금지했습니다. 전후 약 10년이 지나 마침내 해금되었지만 '복권復權' 과정에서 기존의 무도가 가지고 있던 이데올로기적 요소와 함께 전통적인 훈련법까지 사라져버렸습니다.

당시 무도를 공적으로 인가하는 법 정비 과정은 미국식 스포츠관에서 비롯된 '무도는 스포츠이자 게임이자 플레이'라는 해석을 필요로 했습니다. 그러는 사이 무도의 전통적인 능력 개발법인 호흡법, 명상법, 기 연마, 형계고 등은 무도의 이데올로기적·종교적 요소와 더불어 '목욕물과 함께 아기를 버리듯' 현대 무도에서 조직적으로 배제되고 말았습니다.

이는 무도계에 불행한 사건이었습니다.

무도에서 본래 '시합'이란 부차적인 것으로, 기술의 달성 단계를 확인하기 위해 때때로 개최된 행사에 지나지 않았습니다. 또한 본래 무도에서의 수련은 방금 전 예로 들었던 내재적 능력 개발 프로그램과 형계고가 주를 이루었습니다.

그런 전통적 무도 교육 방법이 전후 학교 체육에서 거의 일률적으로 배제되었던 것입니다. 호흡법 또는 연단법(煉丹法, 도교 사상에 뿌리를 둔 기공법 중 하나—옮긴이)은 애초에 점수화할 수가 없고 승패도 가를 수 없습니다. 형계고도 신체를 단련하기 위해 고안한 것이므로 '누가 제일 깔끔하게 형식을 따르는가' 하는 경쟁을 위한 것이 아니었습니다. 그러므로 '경기'가 될 수 없습니다.

게다가 무도는 본래의 맨투맨 방식을 취하고 있어서 스승의 '지도'를 통해 전수받는 기술이기 때문에 선생 한 사람이 50명이나 되는 한 학급 학생들을 한꺼번에 가르쳐야만 하는 환경과는 맞지 않습니다.

무도의 매우 섬세한 신체 운용 기법을 전통적으로 계승하는 일은 '보여주기 식 체육' 안에서 그렇게 하나씩 자취를 감추고 말았습니다.

그 후에도 학교 체육은 무도뿐만 아니라 신체 감수성을 기르는 측면에는 어떤 연유에서인지 거의 관심을 보이지 않았습니다. 오히려 학생 관리상 필요한 차원에서 신체 감수성을 죽이는 쪽으로 열심이었던 것은 아닌가 하는 의심이 들 때가 있습니다.

다케우치 도시하루(竹内敏晴, 연출가. 어린 시절 귀가 들리지 않았던 개인적 경험을 바탕으로 현대인의 신체와 구어에 관한 '몸과 말'이라는 독자적인 이론을 확립했다—옮긴이) 선생이 일찍이 비판하셨던 이른바 '삼각 앉기'라는 것이 있습니다. 체육 시간에 흔히 듣는 말인데 학교에 따라서는 '체육관 앉기'나 '운동회 앉기'라고 부르기도 한다고 합니다.

다케우치 선생의 조사에 따르면 이 지도법은 1958년 문부과학성에 도입되어 점차 일본 전국으로 확대되었습니다.

'삼각 앉기'란 바닥에 엉덩이를 붙이고 앉아 양손으로 무릎을 끌어안는 자세입니다. 만약 합기도 도장에 온 대학생들에게 무언가 설명을 하려고 "네, 앉으세요" 했는데 모두 정좌를 하고 앉은 와중에 두세 사람만 무릎을 안고 앉아 있으면 이상하게 보이지 않겠습니까?

그런 학생을 처음 만났을 때는 대체 뭐 하자는 자세인가 싶어서 나도 순간적으로 화가 나더군요. 하지만 아주 천천히 얼굴을 관찰해보니 눈을 반짝반짝 빛내며 나를 바라보고 있었습니다. 그래서 이 아이들은 나에게 무례하게 대하려는 뜻이 아니라 선생님을 향한 '공손의 뜻'을 나타내고자 할 때 그런 자세로 앉는다는 것을 짐작할 수 있었습니다.

아무리 그렇다 해도 대체 어떻게 된 것일까요?

이런 자세로 앉으면 양손으로 자신의 몸을 꽉 안고 있으니 목소리도 나오지 않고 손발을 움직일 수도 없습니다. 가슴을 누르고 있으니 깊은 호흡도 할 수 없습니다. 이것은 내 몸을 감옥으로 만들어 거기에 자신을 가두는 신체 운용법입니다.

게다가 아이들을 옴짝달싹도 못하고 손발도 꺼내지 못하는 상태에 두려는 것은 무슨 발상인지 모르겠습니다. 물론 학생들을 관리하기 위해서는 편리한 방법이었을 겁니다. 수다도 못 떨고, 돌아다닐 수도 없고, 손으로 장난도 못 치는 데다 산소조차 제대로 들이마실 수도 없으니까요.

일본의 학교는 다른 사람의 이야기를 들을 때 이렇게 앉는 것이 신체 운용 방법의 표준이라고 생각하는 학생들을 수십 년에 걸쳐 대량생산 해왔습니다. 그런 학생들을 보면 나는 한 명 한 명에게 "그 자세는 안 좋아요", "등도 굽어 있고 허리도 아프고 호흡도 안 되니까 바르게 앉으세요" 하고 말합니다. 하지만 아이들에게는 '정좌는 힘들다'는 생각이 박혀 있습니다. 그리고 자기 몸을 바싹 조이는 '삼각 앉기'가 편하다고 말합니다.

바르게 정좌를 하면 얼마나 기분이 좋은지 이 아이들은 모릅니다. 아마 '바르게 앉기'라고 하면 억지로 바르게 앉히는 체벌로밖에 경험하지 못했을 것입니다.

전후 일본은 수백 년 넘게 축적되어온 다양한 전통적 신체 기법을 체계적으로 파괴해왔습니다. 물론 외국에도 뛰어난 신체 기법이 많습니다. 나는 그 점을 부정하려는 것이 아닙니다. 하지만 일본 고유의 문화 안에서 길러진, 일본의 풍토에 친숙한, 일본인의 체형과 감성에 부합하는 유효한 신체 운용법이 여러 가지 남아 있습니다. 의례적인 것도 그렇고 신체 기법도 그렇고요.

다만 "옛날부터 원래 그렇게 했던 거니 그냥 따라 하세요" 하면 아무도 하려고 들지 않을 것입니다. 이러이러한 것에는 이런 합리적인 의미가 있고, 이것은 이러이러한 부분에 체계화되어 있다는 것을 하나하나 제대로 가르친다면 일본의 젊은이들도 분명 전통적 신체 운용법을 재평가하게 될 것이라고 나는 믿고 있습니다.

〰〰〰 내가 무도를 하는 이유

고노 요시노리 선생이나 구로다 데쓰잔(黒田鉄山, 일본의 저명 무술가로 조부 대代부터 이어온 고무술古武術의 수련, 연구도 겸하고 있다—옮긴이) 선생과 같은 천재적인 무술가들은 어떤 연유에서인지 학생 시절 체육 성적이 매우 좋지 않았다고 입을 모아 말합니다. 대부분의 뮤지션들이 학교 다닐 때 음악 성적이 형편없었다거나, 작가인데 국어를 잘 못했다거나, 아인슈타인이 물리학에서 낙제를 했다거나 하는 이야기에는 어딘가 통하는 것이 있는 듯합니다. 그것은 아마도 학교교육이 인간이 지니고 있는 능력 중에 극히 일부만을 평가할 수 있다는 의미가 아닐까 합니다.

나도 어린 시절에 체육 시간이 정말 싫었습니다.

달리기, 뛰기, 멀리 던지기…… 어느 하나 잘하는 게 없어서 체육 성적은 늘 최하였습니다. 게다가 초등학교 저학년 때 심각한 심장병을 앓은 적이 있었던 터라 어차피 몸을 쓰는 건 적성이 아니라고 생각했고, 그래서 주변 사람들도 포기하고 있었습니다.

그런데 어릴 적부터 무술만큼은 좋아해서 진심으로 해보고 싶었습니다. 검도복을 갖춰 입은 형들이 죽도를 등에 메고 도장에 다니는 모습이 눈부실 정도로 멋져 보였기 때문입니다.

만약 트레이닝복에 스니커즈 차림이었다면 아무런 느낌도 없었을 테니, 나는 무도의 그 스타일에 매혹된 셈입니다.

나는 무술 도장이라는 곳에서 맺는 사제 관계에 막연한 동경을 품고 있었던 것 같습니다. 학교에도 물론 훌륭하신 선생님, 존경할 수 있는 선생님은 여러 분 계셨지만 학교 선생님들은 학습 지도 요령을 바탕으로 한정된 지식을 가르치는 직무 안에 머물러 있는 경우가 많습니다. 내가 전혀 알지 못하는 '초인적 세계'에 접근할 수 있도록 해주는 것은 본래 그분들의 일이 아니기도 합니다.

어린 내게는 무도의 사제 관계라면 그것과 완전히 다른, 훨씬 스케일이 큰, 사정거리가 먼 기술과 정보가 비밀리에 전수되고 있지 않을까 하는 기대가 있었습니다. 치바 슈사쿠(검술 유파 중 하나인 호쿠신 이토류北辰一刀流를 창시한 에도시대의 무사―옮긴이)와 〈아카도 스즈노스케〉(치바 슈사쿠의 검도 도장에 다니는 소년 검객의 활약을 그린 애니메이션―옮긴이)라든가, 도자와 하쿠운사이(20세기 초에 작가 단 가즈오가 《요미우리 신문》에 연재하던 소설 〈사루토비 사스케〉의 주인공 사루토비 사스케의 스승―옮긴이)와 사루토비 사스케(일본 제일의 무사로 불리는 사나다 유키무라의 '사나다 10용사' 중 한 명. 동명의 소설이 애니메이션으로도 만들어졌다―옮긴이)라든가, 다쿠안澤庵 선사(에도시대 임제종의 승려로 일본에서 전설의 두 검객인 미야모토 무사시와 야규 무네노리를 지도했다—옮긴이)와 미야모토 무사시(에도시대에 활약한 일본 최고의 검객으로 그의 일생을 다룬 소설과 영화 등이 다수 제작되었다—옮긴이) 등 만화와 소설을 통해 길러온 상상 속에서 나는 그런 갈 곳 없는 꿈을 키우고 있었던 듯합니다.

하지만 초등학교, 중학교 시절 학교에서 통틀어 5년 동안 검도를 했으면서도 나는 도복을 입을 수 있었다는 점과 도장의 기합이 바짝 들어간 분위기를 느낄 수 있었다는 점에만 만족했을 뿐이었고, 돌아보면 특별활동 시간에 체험하는 검도에 정신적인 무언가를 원했던 것은 정말로 공허한 일이 아닐 수 없었습니다.

그 후 대입 학원에 다닐 때 가라테를 배우다가 대학에 진학해 가라테 부에 들어갔지만 바로 탈퇴하고, 권법을 조금 해보거나 하며 타격 계통의 무술로 관심이 옮겨갔지만 어느 도장에도 내가 원하던 '스승'은 없었습니다.

마지막으로 스물다섯 살에 합기도 사범인 다다 히로시 선생(9단, 합기회 본부 사범, 이탈리아 합기회 최고 사범, 다다 도장 관장)의 지유가오카 도장의 문을 우연히 두드렸을 때 나는 드디어 그렇게 찾아 헤매던 이상적인 '무술 사범'을 만나게 되었습니다. 그리고 그날 이후 거의 30년에 걸쳐 다다 선생을 사사하며 연중 200일 정도를 합기도 수련에 할애했습니다.

합기도에 관해서는 아무것도 모르고 집에서 제일 가까운 도장이

다니기 편할 것 같아 아무 곳이나 들어가 보니 바로 그곳이 세계적인 무도가의 개인 도장이었던 것을 '무운武運'이라고 말하지 않을 도리가 있을까요?

처음으로 도복을 입은 형들의 모습을 보고 마치 전기에 감전된 듯 충격을 받은 초등학생 시절부터 미시마 유키오(三島由紀夫, 소설『금각사』와『우국』등을 쓴 일본의 소설가—옮긴이)와 이소룡에게 자극을 받아 타격 계통 무술을 수련하던 대학 시절을 거쳐 스물다섯 살에 마침내 나는 무도의 스승을 만날 수 있었습니다. 어릴 적부터 절실하게 스승을 찾아 헤맨 나에게 하늘이 비로소 스승과 만나는 축복을 내려주었다고 믿고 있습니다.

비록 학교 체육 성적은 그다지 좋지 않았어도, 의사가 운동을 말렸어도, 내 몸은 늘 무언가를 하고 싶어서 좀이 쑤셨습니다.

내가 지금 대학에서 정규 체육과목을 가르치고 있다고 하면 초·중학교 시절 체육 시간에 나의 느린 발과 구기 종목에서 갈팡질팡하던 모습을 알고 있는 옛 친구들은 몹시 놀라겠지요. 어린 시절 나를 포함한 내 주변의 누구 하나 내 안에 미처 개발되지 않은 신체적 잠재력이 풍부하게 저장되어 있다는 사실을 깨닫지 못했습니다.

그래서 나는 전 세계의 '운동신경이 둔한 아이들'에게 이 말을 전하고 싶습니다. 왠지 모르게 몸이 들썩거린다면 아직 개발되지 않은 너의 신체 능력이 깨어나기를 원하고 있을지 모른다고요.

≋ 형식이 가르쳐주는 것

　나는 프리재즈가 탄생해 절정을 향해 치닫고 사멸하는 모습을 바로 곁에서 지켜본 세대입니다. 오넷 콜맨(미국의 재즈 색소폰 연주자, 바이올리니스트, 작곡가. 즉흥 연주로 자기 스타일을 완성했다 — 옮긴이)을 비롯하여 아치 셰프(미국의 재즈 색소폰 연주자. 최초의 프리재즈 작곡가이자 즉흥 연주자로 알려져 있다 — 옮긴이), 앨버트 아일러(미국의 재즈 색소폰 연주자로 역시 프리재즈 연주로 유명했다 — 옮긴이), 세실 테일러(미국의 재즈 연주자, 작곡가. 프리재즈 피아니스트로 청중보다는 평론가들의 호평을 받았다 — 옮긴이) 등등. 그들의 음악을 처음 들었을 때, 무엇을 표현하고 싶은지 느낄 수 있었고 그들의 음악은 바로 그 순간이 지나면 사라진다는 것을 알 수 있었습니다.

　'프리'라는 이름이 재즈의 정형을 부수면 바로 그 순간 반짝이는 무언가가 있습니다. 그것은 정말로 충격적인 경험이었습니다. 하지만 그 경험이 끝없이 계속되지는 않습니다. 만약 영원히 계속된다면 듣는 사람보다 연주하는 사람이 먼저 질리고 말겠지요.

프리재즈 운동은 1960년대 말 존 콜트레인이 사망한 시점에서 막을 내렸습니다. 하나의 장르가 태어나 사라지는 모습치고 그 정도로 근사한 경우는 음악사에서도 예를 찾기가 힘들지 않을까 합니다.

그에 비해 펑크는 상업적인 록에 대항하는 안티테제로 처음 탄생했고, 기본적으로 기타와 드럼과 베이스에 키보드와 보컬로 밴드가 구성됩니다. 펑크에는 어느 정도 정해진 코드 진행이 있는 데다 최소한의 형식을 유지했기 때문에 30년 동안 이어질 수 있었겠지요.

이렇듯 모든 것에는 형식이 있어야 '질리지 않습니다'.

폴 발레리의 잘 알려진 건축론『외팔리노스』라는 책이 있습니다. 이 책은 한정 출판된 호화로운 건축 사진집 에세이였던 걸로 기억합니다. 판형도 페이지 수도 미리 정해져 있었던 탓에 책의 몇 페이지에 글을 몇 줄 넣을지, 구체적인 숫자와 단락까지 모두 지정된 상태에서 집필 의뢰를 받은 발레리는 그 제약 안에서 자신의 최고 걸작 중 하나를 써냈습니다.

왜 그런지는 모르겠지만 인간은 '아무거나 좋아하는 것을 좋아하는 만큼 써도 된다'는 무조건보다도 제약이 있을 때 창조적 의욕이 솟는 경우가 있다는 뜻일 것입니다.

소세키의 소설은 거의 대부분 연재소설이었습니다. 신문 연재였으므로 마지막에는 반드시 결정타가 있어야 했습니다.『우미인초虞美

人草』(소세키가 전업 작가로서 신문에 연재한 첫 소설. 네 남녀의 사랑과 성장을 그리고 있다 ― 옮긴이),『그 후』,『마음』 등의 걸작은 그런 제약 안에서 탄생했습니다.

형식은 표현에 있어 '부정적인 조건'입니다.

인간은 놀랍게도 부정적인 조건이 있을 때 그것을 돌파하거나 창의적인 해결책을 고민함으로써 뜻밖의 창조성을 발휘하는 존재입니다.

형계고를 수련하는 사람들은 자신이 익혀야 하는 신체 운용법을 대부분 낯설게 느낍니다. 하지만 일상생활에서는 결코 쓸 일이 없는 괴상한 방법으로 몸을 쓰지 않으면 그 형식을 소화할 수가 없습니다.

처음에는 나도 왜 이런 부자연스러운 조건이 생기게 되었는지 잘 몰랐습니다. 그런데 오랜 기간 수련을 하면서 서서히 깨달은 점이 있습니다.

그것은 일종의 '수수께끼'입니다.

형식은 '어째서 이런 자세를 취해야 하는지, 그 이유를 스스로 생각해보렴' 하는 질문의 형태로 우리에게 던져집니다.

우리는 그 질문에 답하기 위해서 '무도는 본래 무엇을 위한 것인가?' 하는 근원적인 질문 앞에 끊임없이 다시 서야 합니다. 그 질문을 계속해서 던지지 않으면 잠시나마 유효한 답조차도 구할 수가 없습니다.

초반에는 동작 자체를 취할 수가 없어서 본래의 의미는 잃어버리고 껍데기만 남은 무의미한 것이 아닐까 하는 의심이 솟았습니다. 이것이 첫 번째 장애물입니다. 이 단계에서 '내려가 버리는' 사람이 있습니다. 형식 같은 건 무의미하다, 라는 얕은 결론으로 넘어가 형계고를 그만두거나 자기 편한 대로 바꿔버리는 사람이 있습니다.

첫 단계의 이 장애물을 넘어설 수 있는 사람은 '무도의 형식'에는 '지금 나 정도의 기술로는 이해할 수 없는 깊은 의미가 있음이 틀림없다'고 생각할 수 있는 수련자뿐입니다.

내가 아는 일 혹은 내가 할 수 있는 일만 하는 사람과, 내가 모르는 일 혹은 내가 못하는 일이니까 하고 싶다고 생각하는 사람을 '분류'하는 장치인 셈입니다. 무도가 원하는 사람은 그런 작은 자아의 껍데기를 부술 수 있는 이들입니다.

그다음은 어떤 자세가 어느 부위에 미묘한 동작을 요구하는지 알아차리는 단계입니다.

그렇구나, 이게 '무술적인 신체 운용'이라는 것이로구나 하고 처음으로 '설득당하는' 경험을 하는 때가 이 시기입니다. 이렇게 움직이면 되는 거구나 하고 이해할 수 있게 되는 것이지요.

하지만 형식의 깊은 뜻이 여기에 그치지는 않을 것입니다. 나는 지금 아직 이 단계에 머물러 있지만 '이게 끝이 아니다'라고 확신하게 되었습니다. 어떻게 설명해야 할지는 잘 모르겠으나 다음 차례로 '형식을 포기하는' 단계가 온다는 확신이 듭니다.

이쯤에서 형식이라는, 인간의 신체 움직임을 일부러 부자유하게 하는 부정적 조건을 만드는 이유가 어쩌면 조건을 완전히 신경 쓰지 않을 수 있도록 심신을 다지기 위함이 아닐까 하고 생각하게 됩니다.

모든 예술에는 '수파리守破離'라는 것이 있습니다.

규범을 지키는[守] 단계, 규범을 부수는[破] 단계, 그리고 규범에서 멀어지는[離] 단계.

이 말이 주는 교훈을 최근 들어 조금은 알게 되었습니다.

나는 죽도와 검을 사용하며 몸을 움직이는 수련을 하고 있는데, 나와 상대 모두 도구를 가지고 있지 않은 듯이 몸을 쓸 수 있게 하는 형식도 있지 않을까 하는 생각이 문득 들었던 것입니다.

나카지마 아쓰시(中島敦, 중국 고전에 대한 해박한 지식을 토대로 『산월기山月記』 등 많은 작품을 발표한 소설가. 소년기를 조선에서 보낸 경험을 바탕으로 『범 사냥』 등을 쓰기도 했다 — 옮긴이)의 『명인전名人伝』은 고대 중국의 기창紀昌이라는 궁술 명인의 이야기입니다.

세상 어디에도 어깨를 견줄 자가 없다고 알려진 궁술의 명인 기창은 더 높은 경지를 얻기 위해 감승 노사甘蠅老師라 불리는 궁술 대가의 문하로 들어가 산중에 처박혀 오랜 시간 동안 수행한 끝에, 천진한 바보 같은 얼굴로 활도 없이 장안의 수도로 돌아왔습니다. 그러나 그곳 사람들은 마침내 돌아온 기창의 소문을 나르는 데 정신이 없었습니다. 겁 많은 도둑들은 그가 사는 곳을 피해 먼 길로 돌

힘만 조금 **뺐**을 뿐인데

아가고, 하늘을 나는 새조차도 기창의 집 위 상공을 지나지 않을 정도였습니다. 하지만 기창은 두 번 다시 활을 잡지 않고 칩거에 들어가는데, 만년에 이른 그가 어느 날 지인 집에 초청되어 갔을 때 어떤 물건에 시선을 주더니 "이것은 뭐라고 부르는 물건이오?"라고 집주인에게 물었다고 합니다. 집주인은 그가 농담한다고 생각해 처음엔 대수롭지 않게 여겼다가 거듭 물어오기에 비로소 기창이 그 물건이 무엇인지 잊고 있었다는 사실을 알아챘다는 일화입니다.

이 이야기가 어떻게 끝날지 짐작이 가실 줄 압니다.

기창은 활이라는 도구의 이름도, 그것이 무엇에 쓰는 물건인지도 잊고 있었던 것입니다.

이 이야기는 무술뿐만 아니라 예술의 본질을 훌륭하게 꿰뚫고 있습니다.

"도구를 쓰는 모든 훈련은 그것이 있다는 것을 잊게 하려는 데 목적이 있다. 마찬가지로 인간의 모든 신체적 수행은 인간이 신체를 가지고 있다는 사실을 잊게 하기 위함이다."

이것은 무슨 심오한 철학 같은 것이 아닙니다.

그간 무술 수련을 해오면서 감각으로 알게 된 것이지요. 어떻게 하면 그런 경지에 다다를 수 있는지 아직도 길은 모르겠습니다. 하지만 '이 방향이다' 하는 것은 확신할 수 있습니다. 결국 이런 지혜는 무도뿐만 아니라 인간 만사에 관한 진리와 통하지 않나 싶습니다.

≋ 장인을 생각하다

나의 스승인 합기도 사범 다다 선생도, 늘 챙겨주시는 무술가 고노 요시노리 선생도 장인들에게 깊은 존경을 품고 계십니다. 다다 선생은 탁월한 장인의 이야기를 좌담 자리에서 즐겨 하시기도 합니다. 선생의 이야기에 따르면 일본의 장인은 매우 높은 수준의 기술을 자랑합니다. 일본의 근대 제조업에는 중요한 포인트마다 초인적 기술력을 보유한 장인이 있었습니다.

계측 기기만 해도 그렇습니다. 일본에는 우수한 상품들이 있지만 계측 기기 자체는 사람이 손으로 만듭니다. 손가락 끝으로 계측 기기의 오차를 확인하고 몇 마이크로의 오차와 왜곡을 잡아냅니다. 계측 기기를 만드는 계측기는 없으니 마지막은 사람 손을 거칠 수밖에 없습니다.

쌀알에 천 개의 글자를 쓰는 장인 예술이 있습니다. 이 역시 정해진 방법이 있고, 그 방법을 습득하면 쌀알이 눈에 크게 들어와 큰

힘만 조금 뺐을 뿐인데

어려움 없이 글씨를 쓸 수 있다고 합니다.

이런 이야기는 인간에게 매우 큰 잠재 능력이 있다는 것과 그것을 이끌어내는 데에는 전해져 내려오는 방법이 있다는 것을 가르쳐줍니다.

인간의 능력에 대한 무한한 신뢰와 그 능력을 개발하기 위한 경험, 이 두 가지가 장인에게는 전부라고 해도 과언이 아닙니다.

몇 년 전인가, 초등학교 6학년을 대상으로 진행한 설문조사에서 '되고 싶은 직업' 1위에 목수가 올랐다는 기사가 있었습니다. 그 기사를 읽었을 때 '요즘엔 아이들도 세상의 변화를 제대로 느끼고 있구나' 하는 생각을 했습니다. 장인적인 직업을 존경하는 마음이 크다는 것은 굉장히 좋은 일이 아닐까 합니다.

기술에 존경의 마음을 품는 자세는 실로 중요합니다. 다른 외국과 비교해도 일본은 장인의 기술력에 대한 사회 전체의 존경심이 상당히 높은 편입니다.

일본의 산업이 향후 국제 경쟁력을 유지하려면 역시 '제조업'밖에 없다고 봅니다. 장인 예술의 전통이 있고, 매우 높은 기술력을 보유한 사람들이 남아 있고, 그것이 계승되는 방법도 아직 살아 있으니 이것을 귀하게 여겨 좋은 물건을 만드는 것이 중요합니다.

일본의 저력은 예컨대 자동차가 전기 자동차로 바뀌는 (증기기관에서 가솔린 엔진으로 바뀌었을 당시 정도의) 산업혁명적 대변화가 일어났을 때 발휘될 수 있습니다. 기술 표준이 한꺼번에 바뀌어 이전까지의 패러다임이 '리셋'된 상황에 얼마나 빨리 대응할 수 있는지가 생존의 관건일 겁니다.

OS도 그렇고 통신도 그렇고 아직 규격이 제각각이지 않습니까? 하지만 언젠가 어떤 계기로 통일될 것입니다. 그게 언제일지는 아무도 모릅니다. 하지만 그런 날은 반드시 옵니다. 그때 일본 제품이 '세계 표준'이 되면 한순간에 글로벌 시장을 석권할 수 있습니다. 그런 잠재적 기술력이 일본에게는 있다고 생각합니다.

휴대전화 보급률과 개발 속도를 보면 놀라울 정도입니다. 무엇보다 쌀알에 천 자字를 쓰는 소질이 있는 문화이니만큼 일본은 샤프펜슬의 그립에 계산기를 더한 상품처럼 작은 것에 성능을 응축해 탑재하는 분야를 잘합니다.

물건을 만들어내는 행위는 인간에게 근원적인 행위입니다. 전화 한 통으로, 주가 조작으로 얼마를 벌었다는 말로는 얻을 수 없는 종류의 성취감이 거기에는 있습니다. 무언가를 만드는 행위를 고집하는 것은 산업구조의 측면이 아니라 인간의 본능이라는 측면에서 계속되어야 합니다.

—4장—

무리하지 않아도 괜찮습니다

아이덴티티라는 말 〰〰〰

일본에서는 전통적으로 직업에 따라 의복, 말씨, 몸가짐이 형식으로 세세하게 정해져 있었습니다.

신분제 사회라고 하면 각 계층이 고정되어 있을 것만 같아도 실제로는 상당히 느슨한 제도였다고 합니다. 정말 고정되어 있었던 것은 특정한 신분 혹은 입장에 있는 사람은 정해진 '형식'을 반드시 지켜야 한다는 '보여주기'의 문제였지, 그 사람 자체의 내면이나 본질이 아니었습니다. '내면'이나 '정체성' 등의 개념은 근대 이전에는 존재하지도 않았으니까요.

예를 들어, 고케닌(御家人, 막부의 실권자인 쇼군과 주종 관계를 맺은 무사—옮긴이)이라고 하면 도쿠가와의 지키산(直参, 쇼군 가문을 호위하는 직속 무사—옮긴이)을 말하는데 이 고케닌이 되기 위해서는 '고케닌 주株'라는 것을 사면 됐습니다. 혈통이 어떻고 하는 문제가 아니라 고케닌 주를 팔고자 하는 사람이 있고 사고자 하는 사람이 나타나면 그것으로 거래는 성립됩니다. 묘지다이토(苗字帶刀, 에도시대에 공을 세운 평민에게 특별히 성씨를 쓰고 칼을 차는 일을 허용한 것을 말한다 — 옮긴이)를 허락받은 농민의 자제가 막부 말에 척척 지사(志士, 에도 말기 활동하던 재야의 인물을 가리킨다 — 옮긴이)로 등장하기 시작한 배경에는 이런 제도가 있었습니다.

가쓰카이 슈(勝海舟, 에도 말기에서 메이지 초기의 무사, 정치가 — 옮긴이)의 아버지, 쇼 고키치勝小吉는 오다니男谷라는 가문 출신인데, 조부인 오다니 겐교男谷検校라는 인물은 에치고越後에서 흘러 들어온 맹인 고리 대부 업자였습니다. 그는 막대한 자산을 축적해 에도시대 토지의 몇 분의 일인가를 소유하는 대지주가 됩니다. 겐교는 맹인이 오를 수 있는 직책 중 최고위직으로, 이 역시 사들인 직책입니다. 그리고 자녀들을 위해서는 고케닌 주를 삽니다. 자녀들은 그렇게 막부의 군신이 됩니다.

누구나 알고 있는 신센구미(新選組, 에도 말기 조직된 무사 조직으로, 원래는 교토로 가는 쇼군의 신변 보호를 목적으로 조직되었으나, 이후 교토의 치안 유지를 목적으로 활동하였으며 막부에 반대하는 세력과 싸웠다. 이후 막부 체제가 붕괴하자 막부군의 일원으로 정부군에 저항하는 보신戊辰 전쟁에 참전했다 — 옮긴이)의 곤도 이사미(近藤勇, 신센구미의 국장 — 옮긴이)와 히지카타 도시조(土方歳三, 신센구미의 부장 — 옮긴이)는 원래 다마多摩 지방의 농민이었습니다. 곤도 이사미는 검술 재능을 인정받아 텐넨리신류 시에이칸(天然理心流 試衛館, 일본 고무술의 유파 중 하나인 텐넨리신류의 도장 — 옮긴이)

의 곤도 슈스케近藤周助의 양자로 들어가 낭인(浪人, 소속 없이 떠도는 무사를 가리킨다 — 옮긴이) 부대에서 시작해 최종적으로는 막부의 중진이 되었습니다. 농부의 아들이 무사의 신분이 되어 마침내는 막부 말기의 혼란기에 다이묘(大名, 쇼군 아래에서 일본의 각 지역을 다스리던 봉건 영주를 말한다 — 옮긴이)까지 올라간 것입니다.

여기서 우리는 당시 사회가 비교적 느슨한 신분제 사회였다는 사실을 알 수 있습니다. 구로사와 아키라(黒澤明, 일본 영화의 3대 거장 중 한 사람으로 다이내믹한 액션 표현과 휴머니즘을 지향하는 스타일을 지녔다. 〈7인의 사무라이〉, 〈라쇼몬〉, 〈가게무샤〉 등을 연출했다 — 옮긴이)의 〈7인의 사무라이〉에는 미후네 도시로三船敏郎가 분한 '기쿠치요'라는 사무라이가 나옵니다. 극중 명망 높은 사무라이 수장 '간베이'를 연기한 시무라 다카시志村喬가 극중에 "너 원래는 평민이지?" 하고 말하자 그는 분개하며 족보를 꺼내 오더니 "나는 이런 사람이다, 내가 기쿠치요다"라고 항변하는 에피소드도 있었습니다.

생각해보면 그때는 ID카드도 사진도 없었고, 잦은 전쟁으로 무사 가문은 여기저기서 흥망을 반복하고 있었으므로 경력이나 신분을 사칭하더라도 확인할 방법이 없었습니다. 모르는 지역으로 가서 다른 이름으로 살려고 마음만 먹으면 어떤 신분도 될 수 있었던 것입니다.

곤도 이사미는 마지막을 보낸 나가레야마流山에서 오쿠보 다이와大久保大和라고 이름을 바꾸고 관군들과의 협상에 나서는데, 그가 신센구미의 곤도라고는 군관 측 어느 누구도 확신할 수 없었습니다. 당연하겠지요, 만나본 적이 없으니까요.

지금처럼 간단하게 신분을 확인할 수 없는 시대일수록 신분마다 특정한 형식이 일일이 정해지게 됩니다.

기쿠치요가 공격받은 이유는 무사의 형식을 따르지 않았기 때문입니다. 만약 그가 정해진 형식만 제대로 지켰다면, 말씨나 행동거지가 '무사다웠다면', 문제없이 무사로 대우받았을 테지요.

정체성이 개인과 완전히 일체화되지 않았던 시대에는 '○○답게' 행동하기만 하면 신분을 보장받았습니다.

즉 근대 이전에 '형식의 문화'가 성립된 배경에는 학생증이든 면허증이든 그 소유자가 본인이라는 것을 증명하는 신분 체계가 존재하지 않았기 때문이라는, 너무도 현실적인 이유가 있었습니다. 문화 수준의 문제가 아니라 물질적인 사정이 있었던 겁니다.

지금이라면 풍채 좋고 험상궂은 사람이 불심검문을 당하더라도 "나는 이러이러한 사람입니다"라며 면허증이나 신분 증명서를 내밀면 그걸로 설명이 되겠지만, 그런 신분증이 없는 전근대에는 그 사람의 신분을 증명할 방법이 '정해진 형식을 정확히 따르고 있다'는 사실밖에 없었습니다.

형식의 문화는 누구든 몸으로 습득할 수 있다는 점에서 개방적입니다. 누구나 정해진 형식에 자신을 맞추기만 하면 어쨌든 사회적 네트워크 속에서는 그렇게 인정받고 기능하게 되니까요.

힘만 조금 뺐을 뿐인데

민낯의 자신을 데리고 다니며 주변 사람들에게 처음부터 인정받을 필요가 없습니다. "당신은 형식을 따를 수 있는가?" "네, 따를 수 있습니다"가 가능해짐으로써 그 사람이 '누구인지'가 결정되고 문제가 발생하지 않는 시스템은 개인에게도 공동체에게도 상당히 효과적이었으리라 봅니다.

요즘 사람들이 예의나 행동거지, 기술 습득 등에 별로 관심이 없는 것은 자신의 정체성은 영원히 확증되었다는, 실로 편안한 믿음을 가지고 있기 때문이 아닐까 합니다.

만약 '당신이 정말 무엇인지는 당신이 무엇을 할 수 있는지에 따라 결정된다'라는 것을 '능력주의'라든가 '성과주의'라고 비판한다면 모든 사람이 신분증 없이 살아가는 상황을 한번 생각해보십시오. 그런 조건에서도 지금의 사회적 포지션을 유지할 수 있다고 확신하는 사회인이 대체 몇이나 될까요?

〰〰 생태적 지위론

개성과 독창성을 추구하는 풍조가 존재하는 동시에 다른 한편에서는 '○○다운 것'이라는 말이 사어死語가 되어가고 있습니다. 노인은 노인답게, 아이는 아이답게, 대학생은 대학생답게, 아가씨는 아가씨답게, 라고 말할 때의 그 '○○다운 것' 말입니다.

1970년대 이후 미디어는 성별과 연령과 사회적 역할을 강요하는 '○○다움'을 상당히 강력하게 비판했습니다. '여성스럽게' '남성스럽게'라는 속박에서 벗어나자, '남편다움' '아내다움' '부모다움' '아이다움' 등의 사회적 입장이 강요하는 '○○다운' 행동이야말로 인간의 개성을 짓밟는 문화적 억압의 장치다, 라는 주장을 우리는 최근 20년 동안 계속해서 주입당했습니다.

이런 상황이니 개성이 전면에 드러나 꽃을 피우는 경사가 났다며 박수갈채를 보내는 사람도 있을지 모르지만, 나는 사회의 이러한 변화를 그다지 좋은 일이라고 보지 않습니다.

힘만 조금 뺏을 뿐인데

지금까지 몇 번 말씀드렸다시피, 사회 시스템의 안정은 세부 하위 집단으로 나뉘어 있기 때문에 유지됩니다. 어떤 생물 집단이라도 마찬가지입니다.

동물이라면 같은 사바나 초원에 야행성 동물, 주행성 동물, 초식동물, 육식동물, 신선한 고기를 좋아하는 동물, 썩은 고기를 좋아하는 동물 등이 사이좋게 공존하고 있는 것이지요.

이때 각각의 종이 그 생태계에 차지하는 고유의 포지션을 '생태적 니치'(특정 종류의 생물이 살기에 적합한 환경―옮긴이)라고 합니다.

생물들은 각각 미묘하게 차별화된 생태적 니치에 따라 공존하고 있습니다. 그래야만 유한한 자원을 최대한 활용하는 것이 가능해지기 때문입니다.

당연하겠지요. 나무 한 그루만 보더라도 거기에 야행성 동물과 주행성 동물이 함께 산다면, 한쪽이 포식을 하거나 둥지를 만들고 있을 때 다른 한쪽은 푹 잠들 수 있으니 그곳에 없는 것이나 마찬가지입니다. 같은 공간을 공유하면서 얼굴을 맞댈 일이 없으니 경쟁도 싸움도 없습니다.

공간이 무한하게 넓고 먹이가 풍부하면 니치를 공유하며 살 필요는 없었겠지요. 한계가 있는 것을 함께 나누어야만 하기 때문에 니치가 필요한 것입니다.

우선 이 점을 염두에 두셨으면 합니다.

한계가 있는 자원을 함께 나누어 쓰려면 생물은 행동을 다양화하는 편이 유리하다, 이것이 생물과 환경의 기본적 관계입니다.

니치의 다양화는 개체의 생존뿐만 아니라 시스템 충돌의 리스크를 피하기 위해서도 필수적입니다.

시스템은 구성 요소가 다양하면 할수록 안정적입니다. 잠수함을 보면 수많은 차폐벽으로 캐빈이 세분화되어 있는 것과 원리가 같습니다. 만약 잠수함이 벽 없이 하나의 방으로 되어 있다면 한 곳이 침수될 경우 배는 눈 깜짝할 사이에 침몰하고 말 것입니다. 그러나 어느 캐빈 한 곳만 침수되었다면 해치를 닫아 나머지 공간의 침수를 막을 수 있습니다.

나는 맥과 윈도를 둘 다 사용합니다. 인터넷은 랜선과 전화 회선, 두 개의 PHS를 구분해 사용하고 있습니다. 이렇게 하면 윈도 머신을 공격하는 바이러스가 있을 때도 맥을 쓸 수 있고, 학교의 랜선이 다운되어도 전화나 PHS는 살아 있습니다. 이런 리스크 분산은 위기관리의 기본입니다.

'거의 같은 기능을 하지만 세부적 기능은 다른' 상품을 미묘한 차이로 차별화해서 병렬로 줄을 세우듯 개발해야 이유는 바로 이 때문입니다.

말과 얼룩말은 해부학적 조직과 습성이 거의 비슷하고 다른 점은 많지 않습니다. 따라서 말에게만 이환되는 감염증으로 사바나 초원의 말이 전멸해도 그 생태계에서의 말의 역할(말이 주식으로 삼는 식물의 잔재가 분변에 남아 그 식물 종의 번식에 기여하는 동시

힘만 조금 뺐을 뿐인데

에 특정 종의 육식동물에게는 먹이가 된다)은 '옆 니치'에 있던 얼룩말로 대체 가능합니다. 말이 병으로 전멸해도 사자는 "그럼 얼룩말을 잡아먹어야지" 하면 끝이라서 사바나 생태계의 안정이 유지되고 있는 것이지요.

인간 사회의 컴퓨터 시스템이나 사바나의 생태계나 시스템의 생존 전략은 다르지 않습니다. 조금씩 습성이 다른 집단이 그러데이션을 그리면서 죽 이어져 있는 것, 그것이 시스템 충돌을 피하기 위한 기본 구조입니다.

한편 인간은 '○○다움'이라는 문화적 제도가 동물의 '생태적 니치'의 역할을 대신하고 있습니다.

'남자는 남자답게' '여자는 여자답게' '아이는 아이답게' '노인은 노인답게'라고 할 때의 '○○다움'이라는 것은 말하자면 잠수함의 차폐벽과 같습니다. 그렇게 벽으로 나뉘어 있기 때문에 인간 사회에서도 불가피하게 유한 분배를 하면서 폭력적 경쟁을 피할 수 있습니다. 벽은 '원하는 것'이 동시에 같은 대상에 집중되지 않고 잘 분산되도록 안배한 시스템입니다. '닮았지만 아주 조금 다른' 것 사이에 '차폐벽'을 세워 사회를 세분화하면 특정 구역이 파멸되는 피해를 입은 경우에도 시스템 충돌의 위험은 피할 수 있습니다.

어떤 영화를 보면 가장인 아버지가 죽었을 때, 그 부족의 어른이 어린아이를 불러 "앞으로는 네가 아버지 대신 어머니와 어린 형제를 지켜야 한다"라고 말해주는 장면이 나옵니다. 그런 장면에서

"저는 아직 어린이라서 그런 건 못해요"라고 답하는 아이는 별로 없을 것입니다. '어른 남자'와 '어린이' 사이의 경계선은 '있지만 없는 것'이라는 사실을 아이도 알고 있기 때문입니다.

그런 문화적인 장벽은 약속에 지나지 않습니다.

한 집안에 두 명의 가장이 있으면 지휘 계통에 혼란을 겪기 때문에 아버지가 건강할 때는 의젓한 성인이라도 자녀를 '아이' 취급하고, 반대로 아버지가 사라지면 신체적으로는 아직 어린아이라 하더라도 갑자기 '성인'이라는 사회적 역할을 요구받습니다. 그렇게 문제는 해결됩니다.

'약속은 그저 약속일 뿐인데 내가 꼭 할 필요가 있나?' 하고 생각하기 전에 인간 사회가 왜 그런 약속을 만들어냈는지를 생각해보면 어떨까 하는 말씀을 드리고 싶었습니다.

머무르는 절도 〰〰

　요즘의 정치가와 관료들에게 내가 가장 불만인 것은 그들의 처신이 '○○답지' 못해서입니다. 그들은 정치가답지도 않고 관료답지도 않고 마치 '보통의 샐러리맨' 같습니다.

　출세하고 싶다, 큰 차를 몰고 싶다, 잘 만든 옷을 입고 싶다, 젊은 애인이 있으면 좋겠다, 거액의 정기예금 잔액이 있으면 좋겠다……, 라는 욕망에 휘둘리고 있으니 그들에게 국익이 뒷전인 것은 당연합니다.

　정치가, 관료는 본래 국가 사회가 위기 국면에 처했을 때 탁월한 판단력을 통해 역사에 이름을 남기려는 욕망을 가진 '별난 욕망의 소유자'가 해야 합니다.

　그럼 오자와 이치로(일본의 정치인으로 민주당 대표 등을 역임한 13선 의원―옮긴이)라든가 이시하라 신타로(대학 재학 중 아쿠다카와 상을 받은 소설가로 시작해 도쿄도지사를 지낸 일본의 정치인―옮긴이) 같은 대언장어大言

壯語하는 타입의 정치가가 좋다는 말입니까, 하고 묻는 사람도 있겠지만, 그 사람들이 하는 경국제민의 위대한 연설도 나는 깊이가 전혀 없다고 봅니다.

그들은 무슨 일만 있으면 '일본의 국익' 운운하지만 어떤 분들은 일본의 '국익'을 논할 때 본인 의견에 반대하는 사람들을 '일본인'으로 치지 않습니다. 자기에게 반대하는 사람은 쉽게 '비非국민'으로 떼어내 버리면 됩니다. 그런 분들에게는 '나에게 찬성하는 사람'만이 '일본 국민'이고, 반대하는 사람은 일본 국민에 포함되지 않는 겁니다. 그렇게 보면 '국익'을 지키는 것도 그다지 어려운 일은 아니겠네요.

국익이라든가 공익이라든가 하는 것을 가볍게 입에 올릴 수 없는 이유는 자신에게 반대하는 사람, 자신을 적대시하는 사람이라고 해도 동일한 집단의 일원인 이상 그들의 이익까지 대표해야 한다는 원칙이 '국익' 또는 '공익'에는 포함되어 있기 때문입니다. **반대자나 적대자를 포함해 집단을 대표하는 것**, 그것이 '공인'의 일이며, 반대자나 적대자를 떼어버리고 '자신의 지지자만을' 대표하는 사람은 공인이 아니라 어느 정도 규모가 있는 집단을 통솔하고 있더라도 '사인私人'입니다.

자신에게 반대하는 사람, 자신과 정치적 입장이 다른 사람이라도 '같은 일본인인 이상' 그 사람은 동포이기 때문에 그 사람의 권리를 지켜야 하며 그 사람의 이해利害를 대표한다고 단언할 수 있는 사람만이 일본 '국익'의 대표자입니다.

내 정치적 견해에 반대하는 사람의 이익 같은 거 나는 모른다, 하는 속 좁은 사람에게는 '국익'을 논할 자격이 없습니다.

오르테가 이 가세트(스페인의 철학자이자 비평가―옮긴이)는 "약한 적과도 공존하는 것"이 '시민'의 조건이라고 말했는데, 이는 매우 중요한 말입니다.

'약한 적' 말입니다.

'강한 적'과는 누구나 어쩔 수 없이 공존합니다. 공존하는 것밖에 도리가 없으니까요. 하지만 '약한 적'은 마음만 먹으면 박해할 수도, 배제할 수도, 절멸시킬 수도 있습니다. 일부러 그렇게 하지 않고 공존하면서 그 '약한 적'의 입장을 대표하고 시민사회의 이익을 고민할 수 있는 인간, 그런 사람을 '시민'이라고 부른다고 오르테가는 말했던 겁니다.

그것이 '공公'의 올바른 개념입니다.

'공공의 복리'라든가 '국익'이라는 개념도 '인류의 이익'이라는 더 큰 프레임워크에서 생각하면 당연히 '옹졸한' 이야기겠지만, 이 정도의 '옹졸한' 이해관계조차도 제대로 대표하는 사람이 없다, 그것을 대표한다는 것의 진정한 의미를 아는 사람이 없다는 것은 오늘날 일본 정치의 뿌리 깊은 병폐를 잘 보여주고 있는 듯합니다.

자주 비리를 일으키는 대기업 경영자들도 마찬가지입니다.

맨땅에서 회사를 일으켰다든가 위기를 극복한 실적은 경영자에게 최대의 훈장입니다. 하지만 은행의 부실채권 처리 과정에서 볼 수 있듯이 은행장이 되어 부실채권의 존재를 알았을 때 그들은 재임 중에 사건화되지만 않으면 된다는 생각으로 은폐를 시도합니다. 그리고 퇴직금을 꽉 채워 받고 후임 행장에게 인계한 다음 완전히 종적을 감춥니다.

스스로 리스크를 감수하고 문제를 해결해 후세에 이름을 남기려는 경영자들이 몇 대에 걸쳐 한 명도 없었다는 것이지요.

심각한 이야기 아니겠습니까?

지금 은행이 이 지경이 된 이유입니다.

이 정도로 도덕성이 낮은 사람이 최고 경영자가 될 수 있다는 것은 이미 기업 내부에 '경영자의 에토스'를 가르치는 사람이 사라졌다는 뜻일 겁니다.

그 뿌리에는 '다들 하는데 내가 한다고 무슨 일 있겠어?' 하는 '옆으로 나란히' 사고방식이 존재합니다.

다른 사람들이 똑같은 위법 행위를 저지르고 있다고 해서 그 사실이 벌을 받지 않는 근거가 될 수는 없습니다. 지금까지도 몇 번이나 드린 말씀이지만요.

현재 일본의 가장 큰 문제는 '다들 너무도 비슷해져버린 것'입니다. 그래서 이 책에서도 조금 더 '흩어지는 편이 낫다'고 거듭 말씀드린 바 있습니다.

'○○답다'라는 것은 인류가 발명한 '생태적 니치'입니다.

남성과 여성은 행동 패턴이 다르고, 서식 영역이 다르고, '먹이'가 다르고, 총체적으로 욕망의 모습이 다릅니다. 이런 차이가 생태적 자원을 두고 펼쳐지는 경쟁을 완화시킵니다.

성차와 마찬가지로 연령과 사회적 역할에 따라서도 욕망은 저마다 달라집니다.

아이가 욕망하는 것은 어른이 욕망하는 것과 다르고, 노인이 욕망하는 것과도 다릅니다. 이런 식으로 욕망은 제각기 달라집니다.

일례로 '노인다움'은 그 자체로 확실하게 정형화될 필요가 있습니다. 그 정형에 따라 살지 않는 삶을 우리는 '노추老醜'라고 느끼게 됩니다.

물론 '노인다움'이라는 것은 순전히 사회적 허구입니다. 지팡이를 짚고 위태롭게 걸으면서 "나는 말일세" 운운하는 것은 어떤 의미에서는 연극입니다. 하자마 간페이(間寛平, 일본의 코미디 배우―옮긴이)의 연극처럼 연기하는 본인이 '연기를 하고 있기 때문에' 본인도 주변도 즐길 수 있는 것이지요.

할아버지들이 "나도 젊었을 때는"이라는 정형화된 대사를 툭하면 내뱉는 것은 그런 말을 하는 사람이 어딘가에는 있어야 한다는 사실을 다들 은연중에 알고 있어서 그렇습니다.

이 '노인다움'의 기본 매너는 실제 연령보다 조금 '나이 들어 보이게' 하는 것입니다. 젊게 꾸미고서 '나이 들어서 젊은 사람들에게 지지 않으려고 한다'는 비웃음을 당하는 것은 노인들의 매너 위반이고요. '할 수 있지만 하지 않는' 것이 '○○다움'의 절도이며, 거기서부터 배어 나오는 것이 '자기 분수를 아는' 사람만이 풍길 수 있는 '품격'입니다.

'품격'이라니 너무 과한 표현 아닌가 하실지 모르지만 '품品'이라는 글자는 일부러 '○○답다' 안에 **머무르는 절도**를 뜻합니다.

'○○답다'의 제약 안에 머무르는 절도를 우리는 '품격이 높다'고 부르는 것입니다.

나의 있는 그대로를 드러내는 행동은 재능이나 능력과는 별개로 '경박한' 행동입니다.

'경박하다'는 것은 심미적인 문제가 아닙니다. 절도 없이 행동하는 사람의 '생존 전략'이 내보내는 위험신호에 주변 사람들이 마음을 졸이는 불쾌한 감정을 말합니다.

예컨대 누군가의 장례식에 아주 화려한 복장으로 오는 사람이 있다면 그 사람을 어떻게 보시겠습니까?

그 사람 입장에서는 장례식이든 결혼식이든 '나는 나'이므로 있는 그대로를 드러내는 것이 성실한 삶의 방식이고 '나다움'의 표현이라고 생각할 수 있습니다.

그러나 장례식에 흰 턱시도에 빨간 타이 차림으로 등장하는 식으로 자기를 주장하는 방식은 예상대로 많은 리스크를 동반합니다. 우선 '나는 왜 이런 복장으로 이 자리에 등장했는가'에 대해 그 자리

힘만 조금 **뺐**을 뿐인데

에 있는 모두가 납득할 만한 설명을 해야 합니다.

그 복장을 선택한 데에 충분한 근거가 있다고 해도 주변 사람들은 그 사정을 이해하고 받아들이기 위해 상당한 정신적 노력을 강요받겠지요.

하지만 그런 '불필요한 일'을 장례식 자리에서 일면식도 없는 사람들에게 강요하는 행위는 아무래도 그 자리에 어울리지 않습니다. 그때의 복장이 본인에게는 어느 정도 필연성이 있다손 치더라도 타인에게 쓸데없는 신경을 쓰게 할 '권리'가 자신에게 있다고 생각하는 것은 절도가 없는 행동입니다.

장례식에서 중요한 것은 '나의 라이프스타일'이 아닙니다. 먼저 고인에 대해 애도의 뜻을 표하고, 나와 똑같이 애도의 마음을 전하기 위해 모인 사람들의 기분을 흐트러뜨리지 않아야 합니다.

그런 형태로 타인의 기분을 흐트러뜨리는 사람은 언젠가는 불필요한 트러블을 안게 됩니다. 장례식 참석자 중에는 기분이 상해서 "어이, 그런 모양새로 장례식에 오다니 대체 생각이 있는 거냐"며 갑자기 멱살을 잡으려 드는 사람이 있을지도 모릅니다.

그런 리스크를 무슨 일이 있어도 꼭 짊어져야겠는지, 이건 본인이 판단할 일입니다. 나는 헛된 일이라고 생각하지만 말입니다.

살아가면서 우리는 다양한 문제와 맞닥뜨리게 됩니다. 타인에게 상처받기도 하고 타인에게 상처를 주기도 합니다. **그런 기회는 최소화하는 편이 낫다**는 것이 '○○답게 행동하는' 목적입니다.

어떤 경우에도 '나답게' 있고 싶다고 말하는 젊은 사람들이 가끔 있습니다. 별로 현명한 방법은 아닙니다. 나의 '진짜'를 드러내고 사는 건 벌거벗고 거리를 걷는 것과 같습니다. '나다운' 것은 과시할 수 있겠지요. 그러나 그것이 타인을 불안하게 만들고 무용한 트러블을 끌어들일 가능성이 크다면 '가성비'가 결코 좋은 편은 아닙니다.

옛날 무사들은 '용무가 없는 곳에는 가지 않는다'는 행동 원칙이 있었습니다. 사람은 어디서 어떤 재난을 만날지 모릅니다. 멍하니 있을 때 화살이나 총탄이 날아와 다치는 일도 있습니다. 물론 주변을 둘러보지 않고 그것을 쏜 사람에게 잘못이 있습니다. 하지만 어떤 사정이 있든 부상을 입어 사회적 능력을 상실하는 것은 무사에게 돌이킬 수 없는 실패입니다. '설마 그런 위험한 일이 있을 줄은 몰랐다'는 우는소리가 통할 리 없습니다.

이것이 바로 절도입니다.

절도는, 평범하게 말하자면, **쓸데없는 위험을 무릅쓰지 않는다**는 뜻입니다. 정말 필요할 때 자신이 가진 능력의 최대치를 발휘할 수 있도록, 중요하지 않은 일에 가진 자원을 불필요하게 낭비하지 않는다는 것이 무사의 마음가짐입니다.

품격이 높은 사람은 절도를 아는 사람입니다.

자기 재량으로 사용할 수 있는 자원(가용 시간과 발휘 가능한 사회적 능력)을 쓸 우선순위와 양을 항상 의식하고 있는 사람을 말합니다.

　결혼식, 장례식 등 의례 석상에 얼굴을 내밀다 보면 늘 느끼는 것이, 진짜 어른은 이런 곳에서 절대로 절도를 벗어나는 행동을 하지 않는다는 점이었습니다. 진짜 어른은 다른 사람의 눈길을 끌지 않고 살며시 왔다가 살며시 갑니다. 누구에게도 불안하거나 불쾌한 인상을 남기지 않지요. '누가 왔는지 모르는 장소'에서는 어떤 화살이나 총탄이 날아올지 모르기 때문에 '눈에 띄는' 일은 삼가는 것입니다. "내가 말이야" 하면서 거드름만 피우는 사람이 남기는 불쾌한 존재감과는 완전히 다르지요.

　합기도 스승인 다다 선생으로부터 흥미로운 에피소드를 들은 적이 있습니다.

　예전에 유서 깊은 어느 무도 대회 대기실에서 한 무술가가 일면식도 없는 다른 무술가에게 "댁의 유파에서는 이렇게 손가락을 잡혔을 때 어떻게 응합니까?" 하는 질문을 들었습니다. "우리 유파에서는 말입니다" 하며 대답하려고 상대를 향해 한 손을 내밀었더니 갑자기 새끼손가락이 우두둑하고 꺾였다는 이야기였습니다.

　다다 선생은 여기서 잘못한 쪽은 손을 내민 사람이라고 말씀하셨습니다.

　얼굴도 모르는 상대를 '나와 동류'일 것이라고 오해하고 자신의 약점을 아무 생각 없이 보여주었다는 점에서 손가락을 꺾인 무술가는 위기관리술의 교본인 『병법』의 기초를 모른다는 사실을 여실히 드러냈기 때문입니다. 누가 이런 무술가에게 일국의 성城을 맡기겠느냐는 것이었습니다.

이 경솔한 무술가는 자신의 옆자리에 우연히 같이 앉은 사람을 어쩌다가 '무해한 동류'라고 믿어버린 것일까요?

이런 둔감함은 '균질적인 사회'에 사는 데 익숙해져버린 사람의 특징인 동시에 '무술가다움'이라는 절도를 잊고 있었다는 방증이지요.

'무술가다움'이라는 것은 일종의 사회적 연기입니다. 거기에는 체계적으로 다른 무술가들의 허점을 찌르는 행동도 당연히 포함되어 있습니다. 유파의 기술은 타인에게 가벼이 자랑하듯 보여줄 만한 것이 아니라는 사실은 초보 단계에서 이미 머릿속에 각인되어 있음이 틀림없습니다. 그럼에도 불구하고 이 무술가는 그런 '무술가다움'에 기초한 행동의 특수성을 고려하기보다는 '근대사회의 시민은 모두 비슷하다'는 행동의 균질성을 우선시했습니다.

새끼손가락을 꺾은 비정한 무술가도 처음부터 그럴 생각은 없었을 것입니다. 하지만 너무도 무방비하고 경솔한 이 무술가가 손을 내밀었을 때 무언가를 일러주어야겠다는 배려심이 작동해 '너 수행을 더 해야겠구나' 하는 마음이 든 것인지도 모르겠습니다. 이런 기회가 있을 때마다 무언가를 가르쳐주려는 행동도 무술가의 '정형화'된 모습 중 하나로 숙지하고 있었을 테고요.

이 에피소드는 '무술가다운' 사람과 '무술가답지 않은 사람'이 만

186

났을 때 이런 일이 있어납니다, 하는 이야기입니다. 여기서 우리가 이끌어낼 수 있는 교훈은 '○○답게' 행동하는 사람이 상황을 심리적으로 리드하고, '○○답지 않게' 행동하는 사람은 리스크를 질 수밖에 없다는 가르침이겠지요.

﹋﹋ '진정한 나'라는 허구

우리 옆에는 나와 다른 가치관을 가진 사람이 있습니다. 나와는 사고방식도 행동 방식도 다른 사람과 우리는 공존하며 살아가야 합니다. 상황이 이런데도 '다들 거기서 거기'라고 우습게 보면 어떻게 큰코다치게 되는지 조금 전 새끼손가락을 꺾인 무술가의 이야기에서도 잘 보셨겠지요.

'○○다움'과 '절도'와 '품격'은 제도상의 허례허식이 아니라 **자기 방어를 위한 지혜**입니다.

'○○답게 행동하는' 절도와 극과 극의 관계에 있는 것이 '있는 그대로의 나를 내보이는' 태도입니다. 미디어는 '있는 그대로의 개성을 표현하세요' '당신의 진짜 기분을 솔직하게 드러내세요'라는 말을 아침부터 밤까지 그야말로 퍼붓고 있습니다. 나는 이것이 상당히 위험한 이데올로기 교육이며 일종의 '세뇌'라고 생각합니다.

왜 그런 결론에 다다르게 되었는지 배경을 한번 살펴보겠습니다.

'진짜 나'라는 것은 무엇일까요?

때때로 "나 말이야, 진짜 나를 잃어버리고 있었어"라든가 "진짜 나를 되찾고 싶어"라는 대사가 드라마에 등장하곤 하는데, 이 사람들이 말하는 '진짜 나' 또는 '자아 찾기'라는 것은 대체 무엇일까요?

잠깐 시점을 바꿔서 생각해봅시다.

당신의 아버지가 돌아가셨다고 해보는 겁니다.

장례식도 끝났고 이것저것 뒷정리도 다 마친 어느 날 밤 문득 '우리 아버지는 어떤 사람이었을까?' 하는 의문이 당신의 뇌리를 스쳤다고 해봅시다.

'아버지가 어떤 사람이었는지 나는 정말로 알고 있는 걸까? 내가 태어나기 전에 아버지는 무엇을 하고 있었을까? 어떤 유년기를 보내고 있었을까? 결혼하기 전에 어떤 변화를 겪었을까? 회사에 가서 어떤 동료들과 일하고 어떤 일을 수행하고 어떤 실패를 한 사람이었을까? 우리 가족들이 모르는 어떤 생활을 가지고 있었을까……?'

그런 생각을 하는 동안 당신은 '진짜 아버지'를 모르고 있었다는 사실을 깨달았습니다.

자, 어떻게 하시겠습니까?

우선 아버지의 친척이나 오랜 친구, 동료를 찾아다닐 겁니다. 그리고 한 사람 한 사람의 증언을 축적해서 '아버지 상像'을 형성해갑니다. 그것도 좋은 방법입니다. 보통 그렇게들 하니까요.

이제 질문을 바꿔보겠습니다. 그러면 당신이 '진짜 나'를 찾고자 생각했을 때, 당신은 무엇을 하겠습니까?

당신의 과거를 잘 알고 있는 사람들—가족, 급우, 담임선생님, 선후배, 동료—부터 한 명씩 인터뷰를 해서 "나는 누구입니까?"라고 묻고 다니겠습니까?

설마요.

당신은 그렇게 하지 않습니다. 당신이 '진짜 나'를 찾으러 가는 곳은 뉴욕, 밀라노, 발리 등 당신을 아는 사람이 아무도 없는 곳입니다.

이상하다는 생각이 들지 않습니까? '당신을 아는 사람이 아무도 없는 곳'에 가야만 '진짜 나'와 만날 수 있다니요.

하지만 그다지 이상한 일은 아닙니다.

왜냐하면 '진짜 나'라는 것은 전적으로 '지어낸 이야기'이기 때문입니다.

우리가 '진짜 나'와 만나게 되는 순간은 나를 전혀 모르는 사람을 앞에 두고 나의 과거를 이야기할 때입니다. '나에 대해 전혀 모르는 사람'이어야 합니다. 하는 말이라곤 모두 **거짓말뿐일 테니까요.**

나를 모르는 사람에게라면 우리는 가족들이 들으면 '거짓말을 참 잘도 한다'라며 어이없어할 말도 안 되는 이야기를 끝도 없이 늘어놓을 수 있습니다.

자크 라캉은 '우리의 과거 기억은 전前 미래형으로 말해진다'고 했습니다.

우리가 '지금까지의 자기 역사'를 장황하게 이야기하는 것은 대화가 끝났을 때 상대방이 나를 '이러이러한 사람'으로 여겨주기를 바라기 때문입니다. 나에게 유리한 내 모습을 상대방 안에 심어놓기 위해 우리는 과거를 떠올리는 것입니다.

어려운 말이 아닙니다. 예컨대 '나는 비열한 사람이다'라고 말하고 싶어지면 얼마든지 과거로부터 비열했던 기억을 끌어올 수 있습니다. 친구를 배신한 일, 책임으로부터 도망친 일, 다른 사람에게 죄를 뒤집어씌운 일…… 떠올리기 시작하면 끝이 없습니다. 반대로 '나는 마음이 맑은 사람이다'라고 말하고 싶다면 역시 얼마든지 떠올리면 됩니다. 가난한 사람들을 보고 마음이 아팠던 일, 불행한 사람을 위해 신에게 기도한 일, 더 받은 거스름돈을 돌려준 일…… 얼마든지 떠올릴 수 있습니다.

'비열한 사람'인지 '맑은 사람'인지는 처음부터 정해져 있지 않습니다. 듣는 사람의 기억 속에 '진짜 나'를 어떤 사람으로 남기고 싶은지에 따라서 정해지는 것입니다. 그러므로 나의 과거를 아는 사람을 앞에 두고 있다면 조금 곤란하겠지요.

우리의 과거를 모르는 사람은 '내가 지어낸 이야기'를 믿을 수밖에 없습니다(엄밀하게는 '지어낸 이야기'라고도 단언할 수 없습니다. '선택적 회상'이 이루어졌을 뿐'이니까요).

그렇지만 그래도 괜찮고, 그런 것도 필요합니다.

때때로 '지어낸 이야기'를 함으로써 과거를 리셋하지 않으면 계속 나아갈 수 없습니다, 인간이라는 존재는.

따라서 '6 · 3 · 3 · 4'라는 리셋 시스템이 존재하는 것 아닐까요?

과거의 나를 모르는 새로운 환경에 갈 때는 매우 기분이 좋겠지요. 그럴 때는 과거를 리셋해 나에 관한 새로운 이야기를 지어내어 '나는 이런 사람이야!' 하고 선언하면 다들 그 이야기를 믿을 수밖에 없습니다.

'고등학교 데뷔'라는 것도 이런 이유 때문에 가능합니다.

나는 중학교까지 공부는 잘했지만 운동은 젬병이어서 굳이 말하자면 멍하니 있는 '오타쿠' 쪽 캐릭터였습니다. 그러다 이 캐릭터에 질린 나는 고등학교 입학 당시 450명인 동학년 학생 중에 같은 중학교에서 온 친구가 다행히 한 명밖에 없다는 것을 알고 "내가 말이지, 한 번 입 밖에 낸 건 꼭 지키는 사람이야" 라는 둥 꽤나 기합이 들어간 불량소년으로 데뷔할 수 있었습니다. 재즈를 듣고 담배를 피우고 까다로운 철학서를 읽고 교실에서는 선생님에게 끈질기게 대들고……. 중학교 동창들이 보면 "우치다, 대체 어떻게 된 거야?" 하고 깜짝 놀랄 정도로 변신했는데, 이 캐릭터가 참 '맛있는' 캐릭터였지요. 이내 나쁜 짓을 같이하는 친구들이 생겼고 여자아이들에게도 제법 인기가 많았습니다.

너무 화려했던 이 캐릭터는 결국 그대로 폭주해 고등학교 중퇴라는 형태로 '폭사'해버렸지만, 고등학교에 입학해 적당히 지어낸 거짓 캐릭터였으니 좌절하든 실패하든 어차피 '2년 정도밖에 안 쓴 캐릭터'였으므로 별로 마음이 아프지는 않았습니다.

다만 곤란한 일은 고등학교 같은 반 동창회를 나가면 그 시절 친구들은 '그 우치다'를 기억하고 있다는 점이었습니다. 친구들은 '그 우치다'에게 말을 걸지만 이미 '그 우치다'는 없습니다.

　어쨌든 환경이 바뀔 때마다 캐릭터를 바꾸는 것은 자신을 지키기 위해 매우 효율적인 방법입니다. 나의 경우 '다른 캐릭터'가 열일고여덟 시절의 정신적 상처를 짊어져주었고 나는 그 상처를 캐릭터와 함께 한꺼번에 '매장'해버렸습니다. 극도로 너덜너덜해졌지만 결과적으로 트라우마는 남지 않았습니다.

　그래서 기회가 있을 때마다 젊은 사람들에게 그때그때 적당히 캐릭터를 바꾸는 게 좋다고 말씀드리고 있습니다. '진짜 나'라는 것도 말하자면 '지어낸 이야기'에서 나온 하나의 변종에 지나지 않으니 '진짜 나'를 확정적으로 말하려고 하지 말고 변주의 개수를 늘리는 방향으로 노력하면 어떻겠느냐고 말입니다.

　물론 아무리 거짓말이라고 해도 기본적인 사실은 변함이 없습니다. 그 사실을 조합해서 이야기를 지어낼 때 어떤 에피소드를 쳐내고 어떤 부분은 조금 부풀리고 하는 식으로 주무르면 같은 과거라도 마치 다른 인물의 모습처럼 그릴 수가 있습니다. '전부 사실인 지어낸 이야기'가 만들어지는 셈입니다.

　연구자로서의 우치다 타츠루, 무술인으로서의 우치다 타츠루, 가정인으로서의 우치다 타츠루, 인터넷상의 우치다 타츠루…… 나도 그들도 전부 '별개의 사람'입니다(지금 이 문장을 쓰고 있는 것은 '작가로서의 우치다 타츠루'입니다. 사생활의 나보다 훨씬 비꼬기를 좋아하고 냉소적인 캐릭터이지요. 가정인으로서의 나는 조금 더 온순하고 타협적인 사람입니다).

이렇게 나 자신의 '가게무샤'(대장과 같은 모습으로 가장해놓는 대역 무사—옮긴이)라고 해야 할지 '시키가미'(음양사가 이르는 대로 조화를 부린다는 신령—옮긴이)라고 해야 할지, 어쨌든 그런 존재가 셀 수 없이 많아서 가령 일에서 실패했다고 하더라도 그 실패는 '일을 하는 나'의 상처에 그칠 뿐 가정생활이나 무도 수행에는 큰 영향을 미치지 않습니다. 글쎄, 완전히 다른 사람이라니까요. 정말로요.

위조된 정체성 〰〰〰

'진짜 나'에 대한 환상은 국가에 대해서도 성립합니다.

일본인은 계절마다 화조풍월이 바뀌는 것을 사랑하는 국민이라든가, 일본인은 집단주의를 신봉한다든가, 일본은 대충대충 사회라든가, 종적인 사회라든가, 수치심의 문화라든가…… 일본인의 정체성을 나타내는 표현은 다양합니다.

이런 일본 문화론 자체를 '가치 없다'며 단칼에 잘라버리는 사람도 있습니다.

'일본인은 ○○하다'라는 것은 전적으로 내셔널리즘에 기초한 소비재다, 미국인은 결코 그런 짓을 하지 않는다며 분노하는 사람도 있습니다(이 사람은 자신이 문화론적 주장을 할 때 '미국인'이라는 주어를 사용했다는 것을 알아차리지 못하는 걸까요).

과학적 근거가 없다고 할지라도 '국민성'을 국제사회에서 이해 가능한 말로 표현하는 작업이 필요하다고 생각합니다.

말하자면 '캐릭터'니까요.

"내가 말이야, 예술에는 일가견 있는 남자지"라고 거짓말이라도 좋으니 일단 선언하지 않으면 '고등학교 데뷔'가 시작되지 않는 것과 마찬가지입니다. '일본은 ○○한 나라이며, 일본인은 ○○한 국민이다'라는 말이 국제사회에서 '명함' 대신 통용된다고 생각하면 됩니다. 지어낸 이야기든 무엇이든 있으면 괜찮지만, 없으면 불편하겠지요.

국제사회에서는 독특한 존재라는 점이 중요합니다. '독특하다'라는 것은 '국제사회라는 생태계 안에서 다른 국가로 대체할 수 없는 유일무이한 니치를 점령하고 있다'는 뜻입니다. 이것이 내셔널 아이덴티티 또는 내셔널 히스토리입니다.

정체성은 그 자체로 완벽히 '지어낸 이야기'입니다. 원래 확고하게 존재하는 것이 아닙니다. 따라서 일본의 기원으로 거슬러 올라가 '진짜 일본다움'의 핵심이 될 만한 사실을 찾았다고 해도 전혀 소용없는 일입니다. 정반대거든요. 정체성이라는 것은 '전前 미래형'으로 이야기하며 만들어나가는 것입니다.

"이런 걸 들어 일본인이라고 해보면 어떨까요?"

이렇게 질문을 만들어가야만 합니다. 일본의 과거 역사적 사실 중에서 그때그때 '듣는 사람'의 상황에 맞춰 이야기 하나를 선택한 다음 줄을 긋는 것입니다. 일본의 국가 정체성은 그 줄의 연장선상에서 21세기의 일본을 전망하는 과정을 거치면서 형성됩니다.

힘만 조금 뺐을 뿐인데

그러므로 문제는, 과거의 어떤 데이터 속에서 어떤 사실을 취사선택하여 어떻게 줄을 그어야 하느냐는 결정과 관련되어 있습니다.

일본인의 역사적 경험 속에 축적되어 있는 것들 가운데 가능하면 많은 부분을 망라하고 동시에 '속 시원하게' 일본인 상像을 그릴 수 있는 이야기. 봉건시대, 메이지유신, 다이쇼大正 데모크라시(다이쇼 시대에 일본에서 일어난 민주주의적 개혁 운동. 보통 1912년부터 1926년까지를 가리킨다 — 옮긴이), 쇼와昭和 모더니즘(쇼와 초기 일본 사회 전반에 걸쳐 나타난 모더니즘 경향. 1926년부터 1937년까지를 가리킨다 — 옮긴이), 군국주의, 전후 민주주의, 극좌파 학생운동, 페미니즘에 이어 좌익부터 우익까지, 도시 문화에서 지역 문화까지, 메인 스트리트에서 서브 컬처까지 정치적·사회적·문화적인 사조를 포괄적으로 설명할 수 있으면서 일본 사회의 '개성'을 총망라할 수 있다면 그것이 바로 일본에 관해 '잘 타협한' 사회 이론일 것입니다.

하지만 현재의 이론 가운데 그 정도로 포괄적인 스케일의 이론은 없습니다. 그렇게 큰 스케일도 없거니와 그런 스케일이어야 한다는 사명감을 느끼는 '확신범적' 사회 이론의 연구는 진행되지 않는 듯합니다.

우익의 이론은 전전戰前의 정치적, 문화적 운동을 거의 배제해버렸고 좌익의 이론은 전후의 성취에 대해 높이 평가하지 않습니다. 저마다 정치적 이론으로 명확히 추구하는 바가 있지만 그것이 설명 원리가 되지는 못했습니다. 왜냐하면 그것만으로 **설명할 수 없**

는 사례가 지나치게 많기 때문입니다. 한쪽으로 치우친 이론은 다음 세대에게 지침을 줄 수조차 없습니다.

무라카미 하루키는 『언더그라운드』와 『약속된 장소에서』라는 두 작업을 통해서 일본 지하철 사린가스 테러 피해자와 옴 진리교 신자를 집중적으로 인터뷰했습니다. 이 작업은 하나의 충격적인 사건을 포괄적으로 기술하고, 지금까지의 일본 사회가 탄생시킨 것은 무엇인가를 종합적으로 써내고자 했다는 의미에서 용감한 시도였습니다.

그는 사회를 '건전한 시민사회'와 '열광적인 옴 진리교'의 둘로 나누고 둘 중 하나를 저편으로 떼어놓는 언론의 논조에 저항해 실제 일본 사회가 거의 필연적으로 이런 사건을 낳았다는 사실에 주목하고 있습니다. 일본 사회가 결국 이런 사회운동과 사건을 키워온 셈이므로 그것을 제대로 설명하지 못한다면 일본이 어떤 사회인지를 제대로 정의할 수 없습니다.

하루키는 무엇이 선이고 무엇이 악인지의 기준을 재설정한 상태에서 검색 툴을 통해 역사의 스크롤바를 내리며 읽어나가는 방식과는 다른 태도를 취하고 있습니다. 나는 그의 이런 태도를 지지합니다.

물론 선악을 판단하는 것도 중요합니다. 다만 이처럼 가치중립적이고 '쿨'한 글쓰기 역시 포괄적 시야를 구축하는 데 필요하지 않을까 합니다.

예의범절을 지키는 진짜 의미 〰〰〰

요즘 사람들은 성공 지향이 강한 탓인지 공격 일변도인 반면 '디펜스가 약하다'는 인상을 받습니다.

앞서 언급한 무라카미 하루키의 이야기와 연결해보자면, 하루키의 소설에서는 '무의미하고 방해되는 것'이 등장해 주인공이나 주인공이 사랑하는 사람들에게 상처를 주고 손해를 입히는 스토리가 반복됩니다. 그때 주인공은 일어난 사건의 전말을 밝히는 일은 하지 않습니다. 하지 않는다기보다는 하지 못합니다. 『양을 둘러싼 모험』도 그렇고, 『태엽 감는 새』도 그렇고, 『해변의 카프카』도 그렇고, 주인공이 대체 어떤 경천동지할 만한 큰 사건이 벌어지고 있는지 전말을 눈치채는 일은 없습니다. 주인공은 어느 날 갑자기 '뭐가 뭔지 모르겠는' 사건 속에 휘말리고, 이리저리 채이고, 상처 입고, 사랑하는 무언가를 잃어버리게 됩니다. 그리고 어떻게 하면 '나를 지킬 수 있는가' 하는 문제를 두고 당장 쓸 수 있는 집중력을 최대한 발휘하며 살아남아 후반부로 갈수록 '디펜스에 능한' 사람이 되어갑니다.

내가 관심이 있는 것은 이런 카프카적인 부조리에 휘말렸을 때 주인공이 취하는 최고의 '디펜스' 전략이 '디센시(decency, 예의 바름)'라는 점입니다.

'대개의 일은 그만한 수고를 들이면 대충은 알 수 있다'라는 것이 무라카미 월드의 주인공들이 가진 공통적 '탐험술'의 기본인 듯 보이는데, 여기서 '그만한 수고'는 단순히 너무 걸어서 다리가 뻣뻣해질 정도로 돌아다닌다든가, 여기저기 마구잡이로 전화를 걸어본다든가 하는 일이 아닙니다. 일단 만난 사람에게서 최대한의 정보와 지원을 이끌어냅니다. 처음 만난 사람에게서 최대한의 정보와 도움을 이끌어내기 위해 가장 효과적인 방법이 무엇인지는 누구나 알고 있습니다. 바로 '예의 바르고 우호적인 어조로 말하는 것'입니다.

그는 작가적 직감에 따라 '디센트한 것'이 부조리한 세계에서 살아가기 위한 최우선의 디펜스라는 사실을 알고 있습니다. 예절은 '살아가기 위한 지혜'인 것입니다.

그런데 요즘 젊은 사람들은 이 사실을 알아차리지 못하고 있습니다. 예의 바른 행동은 '패배적 태도'이며, 방약무인하고 무례의 끝을 보여주는 행동이 '승리자의 특권'이라고 착각하고 있는 듯합니다.

그러나 사실은 정반대입니다. 예의 없이 사람을 대하는 것은, 예의를 갖춰 대했다면 손에 넣었을지 모르는 귀한 정보나 도움을 그

힘만 조금 뺏을 뿐인데

런 줄도 모르고 도랑에 버리는 행위와 같으니까요.

　최근의 젊은 영업직 중에는 예의를 모르는 사람들이 있습니다. 이쪽이 클라이언트인데도 조금 까다로운 일을 부탁하면 어찌나 귀찮은 내색을 하는지요. 부탁한 상품을 가져다주지도 않고 약속한 연락을 주지도 않는 사람이 일류 기업의 영업 담당 중에도 있습니다. 당연히 그런 회사에는 두 번 다시 발주하지 않습니다. 그 사람 개인의 '귀찮아 죽겠네'라는 태도 때문에 회사는 그 이후 발생할 매출을 잃게 되었지만 회사와 당사자는 그 사실을 모릅니다. 이렇게 옆만을 보는 사람은 '클라이언트에게 고개를 조아리지 않았다'는 것을 개인적 승리로 판단하고 있을지도 모르지만 비즈니스로 봤을 때는 패배입니다.

　왜 그런 착각이 일어나는가 하면, 그 사람은 모든 상황에서 '진심으로 대한다'는 원칙을 매우 중요시하고 있기 때문입니다. 예의 바르게 행동하는 건 상대방에게 아첨을 하거나 비굴해지라는 뜻이라고 생각하기 때문입니다.

　이것은 완벽히 틀린 생각입니다. 예의범절의 목적은 무엇보다도 '가면을 씀으로서 자신의 이익을 최대화하는 데'에 있습니다.

　권력을 소유한 사람, 결정권을 가진 사람, 내 쪽에 강제력을 발휘할 수 있는 사람 앞에서는 절대로 자신의 '민낯'을 내보여서는 안 됩니다. 이게 예의의 기본입니다.

　알기 쉬운 사례가 군대입니다. 군대라는 곳은 지휘 계통이 명확해서 상관에 대한 항명은 즉시 군법 회의에 회부되고 운이 나쁠 경우 사형도 불사하는 등 '상관의 뜻을 거스르는 것을 용납하지 않는' 사회입니다. 이런 곳에서 상관에게 '민낯'을 보이는 부하는 없습니다. 상관 앞에서 정렬할 때는 가면처럼 무표정이 됩니다. 어떤 명령을 받든 "Yes, sir. No excuse, sir"라고 딱딱하게 대답합니다.

일부러 붙임성 없이 굴려는 것은 아닙니다. 상대방에게는 나의 생살여탈을 좌우할 권력이 있습니다. 언제 마음이 바뀌어서 갑자기 나를 때릴지 벌을 내릴지 모릅니다. 상관, 교관, 상사에 대해 '내가 말이지' 하는 느낌으로 '민낯의 나'를 내보이는 것이 얼마나 위험한지 군인들은 알고 있으므로 살기 위해 가면을 씁니다. 상관을 향한 군인들의 예의 바름이 '디센시'의 원형입니다. 그것은 '내면을 보여주지 않는 것'이고요.

아이들에게 먼저 '예의 바르게'를 몸에 익히도록 하는 이유는 아이 입장에서 보면 세상 대부분의 사람들이 '권력을 가지고 있는 사람'이기 때문입니다. '아이라는 것'은 주변 대부분의 사람으로부터 상처를 입을 가능성이 있다는 사실을 말합니다. 그 정도로 '아이라는 것'에는 리스크가 따릅니다. 그래서 무엇보다 '예의 바르게 행동하라'고 가르칩니다. "너는 아주 무력하니까 일단 디펜스 태세부터 제대로 갖추어놓아라"라고요.

경험해보셔서 아시겠지만 타인으로부터 '예의 바른 대접을 받으면' 자기도 모르게 '교차되는' 느낌이 듭니다. '교차되거나' '제쳐지거나 '건너뛰어지는' 느낌이지요. 그런 대접을 받으면 그 이상 '깊이 파고들' 수가 없습니다. 이쪽에서 공격적이 되려고 해도, 그렇게 되지가 않습니다.

고노 요시노리 선생으로부터 들은 재미있는 이야기가 있습니다. 고노 선생은 항상 전통 의상에 검을 차고 걷기 때문에 거리에서 취객이 달려들어 시비가 붙는 경우가 있습니다. 그럴 때 고노 선생은 만면에 미소를 띠고 취객에게 재빨리 다가가 "어머님은 건강하십니까?" 하고 말을 건다고 합니다. 조직 폭력배건 취객이건 누가 자기에게 그렇게 친근하고 예의 바르게 말을 걸면 말문이 막히지 않을 수가 없습니다. 예의 바른 대접을 받았으니 소리를 지르거나 싸움을 걸 핑계도 없습니다. 고노 선생이 망설임 없이 예의 바른 어조로 그렇게 말을 거는 동안 저쪽에서 기분이 상해 물러나버리고 만다고 합니다.

이것은 디센시의 방어적 효과를 보여주는 훌륭한 일화입니다.

하지만 오늘날은 디센시의 방어력이 망각된 나머지, 예의 바른 태도를 두고 위선적이라든가 비굴하다든가 하는 취급을 하면서 모든 상황에서 '민낯의 나'를 있는 그대로 보여주는 편이 낫다고 큰소리치는 사람들이 있습니다. 젊은 세대 중에는 그렇게 생각하는 사람들이 압도적으로 많을지도 모르겠습니다.

예전에 기무라 다쿠야가 연기한 **호리베 야스베**(에도 전기의 무사, 아코 낭인 47명 중 하나 — 옮긴이)가 **아사노 다쿠미노카미**(아코 번의 3대 번

주, 다쿠미노카미는 관직명이며 본명은 아사노 나가노리浅野長矩―옮긴이)와 오이시 구라노스케(大石内蔵助, 본명은 오이시 요시오大石良雄이며 아코 번赤穂藩의 번주―옮긴이)에게 반말을 하는 장면을 본 적이 있습니다. "오이시 씨, 나는 당신의 생각에는 반대야" 하면서요. 정말로 깜짝 놀랐습니다. 옛날이라면 바로 참수형이었을 겁니다.

아마도 지금의 젊은이들을 겨냥해 일부러 그렇게 대본을 썼을 것입니다. 여기서는 상관이든, 나이 많은 사람이든, 어린아이든, 노인이든, 어떤 상황에서도 모든 사람에게 같은 말투를 쓰는 것이 인간으로서의 성실함을 말하며 '나다움'의 표현이라는 이데올로기를 관철하고 있습니다. 하지만 그것은 아주 큰 편견이며 실제로는 리스크가 큰 방법입니다.

사실 무사라는 직업은 어떤 의미에서 '목숨을 걸고' 하는 일이기 때문에 가벼이 민낯을 드러낼 수가 없었습니다. 가능하면 민낯이 되지 않도록 하는 것이 무사가 응당 취해야 할 몸가짐이었습니다. 실수라도 하면 급작스러운 할복도 감수해야 하는 자리에 있는 사람들이었으니까요. 그런 사람들이 상관에게 "내가 말이야, 생각을 해봤는데"와 같은 '성실한' 태도를 취할 수 있을 리가 없습니다. 훨씬 더 '불성실'하게 대했겠지요.

왜 자신을 지키며 살아가는 것을 우선적으로 고려하지 않고 '나다움'이나 '성실한 자기표현'과 같은 얕은 환상에 휘둘리게 되는 것일까요?

힘만 조금 뺐을 뿐인데

아마도 자신의 내면을 타인에게 과시하는 것을 매우 중요하다고 여기기 때문일 것입니다. 그런데 모두가 나를 그 정도로 훌륭한 사람이라고 볼까요? 본인이 생각하는 만큼 주변 사람들은 우리에게 관심이 없으므로 우리는 조금 더 예의 바르게 행동해야 합니다. 집요하게 들릴지 모르지만, 기무타쿠(배우 기무라 다쿠야의 애칭—옮긴이)군이 호리베 야스베가 본래 가진 냉철한 예의 바름을 연기하며 얄미울 정도로 끝까지 경어를 썼다면 상당히 깊이 있고 재미있는 드라마가 되었을지도 모릅니다. 정말로요.

〰️ 반복성 안에 존재하는 쾌락

가령 서적이라는 미디어가 사라져 정보를 인터넷상에서 데이터 패키지의 형태로 공개하고 과금하는 시스템이 구축된다면, 그때는 책을 쓰는 쪽은 성취감이 없을 테고 읽는 쪽도 무언가 부족함을 느낄 것입니다.

책의 장점은 책이라는 '사물'이 있고, 그것을 읽을 수 있으며, 다 읽고 나서 책장에 꽂아두면 눈에 보이는 곳에 자신의 지적 자산이 점점 축적되어가는 느낌이 들어 지식이 쌓이는 것을 실감할 수 있다는 점입니다.

책은 한 권도 없이 모든 정보가 컴퓨터에 저장되어 있다면 자신의 지적 자산이 어느 정도인지 진심으로 확신하기 어렵지 않겠습니까? 하지만 책 수백 권이 책장에 죽 꽂혀 있다면 매일 나도 모르게 책등과 얼굴을 마주하게 될 것이고, 그러면 마르크스나 프로이트나 사르트르 등의 활자를 볼 때마다 '아, 내가 이런 책을 읽고 성장해왔구나' 하는 자기 정신의 역사를 확인할 수 있습니다. 자신의 지적 포지션이라든가 발달 과정을 시각적으로 확인할 수 있는 것이지요.

가끔씩 몇 년도 더 전에 읽은 책을 꺼내 보면 줄이 그어져 있거나 여백에 메모가 되어 있습니다. 바보 같은 말을 써놨군 하고 생각할 때도 있고, 예전에 읽었을 때는 왜 이걸 몰랐을까, 왜 여기에 줄을 긋지 않았을까 하고 놀라기도 합니다. 책은 그렇게 구체적이고 데이터로 단순히 환원될 수 없는 무수한 정보를 저장하고 있습니다.

책은 정보를 검색할 때에도 컴퓨터보다 빠릅니다. 내 책장을 돌아보다가 그런 느낌의 빨간 책인데, 초반부 어느 페이지 가장자리에 살짝 때가 타 있었는데, 거기에 관련 구절이 있었던 것 같은데…… 하는 느낌으로 찾다 보면 하드 디스크 검색보다 빨리 찾을 수 있습니다.

서적이라는 정보 매체는 인류가 만들어낸 최고의 발명품 중 하나이기 때문에 아무리 출판계가 불황이라도 웬만큼 훌륭한 대체 미디어가 등장하지 않는 한 사라지는 일은 어지간하면 없을 것입니다.

가지고 다닐 수 있고, 전철 안에서도, 침대에서도, 화장실에서도, 욕조에서도 읽을 수 있는 데다 필기가 가능하고, 줄을 그을 수 있고, 페이지를 접을 수 있고, 찢을 수 있고, 필요하다면 물건을 포장할 수도 있고, 태워서 보온을 할 수도 있는 정보 매체가 달리 어디 있겠습니까?

서적 문화도 사라지는 일은 없을 겁니다. 만약 종이로 된 정보 매체가 사라지면 우선 책을 만드는 쪽에서 먼저 글을 쓰고자 하는 의욕을 잃어버리지는 않을까요?

신문도 마찬가지여서 실제로 인터넷으로 기사를 받아 보고 있는 사람에게 물으니 옛날처럼 신문을 처음부터 끝까지 읽는 일은 없다고 합니다.

하기야 신문에는 공들여 읽을 기분이 사라지게 만드는 요소들이 너무 많습니다. 투고란, 희한한 약과 기구 광고, 가십 주간지 광고……. 하지만 그런 '어떻든 상관없는' 것들에 시대의 흐름이 단적으로 나타나 있는 경우도 있습니다.

약 10년 전 거품경제가 끝나갈 무렵의 어느 아침, 부동산과 피부 관리실과 학원 광고지 열 몇 장이 신문에서 펄럭이며 떨어지던 장면이 기억납니다. 그걸 보고 '아, 그렇구나, 지금은 이런 시대구나' 하는 것을 온몸으로 알 수 있었지요.

아빠는 돈을 벌어 땅을 사고, 엄마는 미용에 힘쓰고, 아이는 학원에 다니며 학력을 높이고…… 어떤 논평 기사보다도 현대 일본의 '가난'과 가족들이 지닌 욕망의 비참한 단절을 웅변으로 증명하고 있었습니다.

그런 식으로 부수적인 혹은 비주제적인 정보가 대량으로 제공될 수 있었던 것도 신문 배달 시스템이 있어서 가능했던 일 아니었을까요? 보통의 샐러리맨들은 그런 광고 전단을 통해 집 근처 슈퍼마

켓에서 양배추 한 개가 얼마인지 알 수 있었습니다.

예전에 오다지마 다카시(小田嶋隆, 저명 칼럼니스트—옮긴이)가 신문광고'만' 배달해주는 데 월 500엔까지 지불할 의사가 있다고 쓴 적이 있는데, 광고에도 그만큼의 가치를 지닌 정보가 있겠지요.

종이 서적 또는 신문이라는 형태는 당분간 소멸되지 않을 것입니다. 실제로 그간 출간된 내 책 중 몇 권은 홈페이지에 게시한 글 가운데 지금 당장 누구라도 읽을 수 있는 상태에 있는 텍스트를 편집한 것입니다. 인터넷에 접속한 사람이라면 누구든지 무료로 읽을 수 있는 텍스트를 일부러 책으로 만들어 팔고 있는 것이지요. 그걸 알면서 책을 사시는 분들도 수천 명이나 있습니다.

핵심 독자 가운데는 내 홈페이지의 콘텐츠를 본인이 직접 항목을 나누고 편집을 해서 '자가판 우치다 책'이라는 것을 만드는 분도 있는데, 고맙게도 그분은 책이 나오면 책도 사서 보십니다. 타인이 편집한 책은 콘텐츠가 중복되더라도 역시 '다른 책'이기 때문이겠지요.

지금 쓰고 있는 이 책도 내가 홈페이지의 '어딘가'에 이미 써놓은 것과 내용 면에서 중복되어 있을 겁니다. 거의 다 들어봄 직한 내용을 다시 쓴 것입니다(같은 사람이 쓴 것이니 그렇게까지 다를 리가 없습니다). 그래서 지금 읽고 있는 분들 중에는 "아, 이거 읽었어, 이거 전에 들어본 적 있어" 하는 부분이 여기저기 있을 수 있습니다. 하지만 '그래서 사지 않는다'로 결론 나지는 않습니다(실제로 지금

사서 읽고 계시고요).

어느 저자의 '애독자'란 그 사람의 '새로운 이야기'를 읽고 싶어서 책을 사는 게 아니라 '똑같은 이야기'를 읽고 싶어서 책을 산다고 생각합니다.

신쇼志ん生의 라쿠고(기모노를 입은 라쿠고가落語家가 방석에 앉아 부채나 수건을 이용하여 세상사를 비롯해 정치, 문학 등에 관한 이야기를 해학적, 풍자적으로 들려주는 공연예술을 말한다. 신쇼는 전후 일본 라쿠고 계를 대표하는 라쿠고가로 고콘테이古今亭 가문의 제5대 계승자다—옮긴이)를 들으러 오는 사람은 '예전에 들은 것과 똑같은' 것을 듣기 위해 옵니다. '마쿠라'(枕, 라쿠고에서 이야기를 시작하는 도입부—옮긴이)가 똑같아서 좋고 '오치'(落ち, 이야기를 끝내는 짧은 말로 라쿠고가의 재치를 느낄 수 있는 포인트—옮긴이)가 똑같아서 웃깁니다. 원래 그런 것입니다.

구와타 게이스케(일본의 그룹 '서전 올 스타즈'의 리드보컬로 일본의 국민가수라고 불린다—옮긴이)의 음악도 마찬가지로 팬들은 매번 '다른 음악'을 듣고 싶은 것이 아닙니다. '제멋대로 신밧드'와 비슷한 악상의 음악을 몇 번이고 반복해서 듣고 싶은 것이지요. 그러면 그 속에서 쾌락이 발생합니다. 그것이 바로 대중음악의 왕도입니다.

'새로운 음악성을 찾기 위해 그룹을 해산한다'거나 '같은 것만 원하는 팬들의 기대에 더 이상 부응할 수 없다'라고 말하는 '크리에이티브한' 뮤지션들이 있지만, 그런 사람들은 대개 나중에 인기가 없어지더군요.

힘만 조금 **뺐**을 뿐인데

같은 것의 반복 복용이 쾌감이구나, 하는 사실을 이런 '크리에이티브한' 사람들은 모르는 걸까요?

이건 우치다 햣켄(內田百閒, 소설가이자 수필가. 나쓰메 소세키 문하에 있었다—옮긴이) 선생이 가르쳐주신 것인데, 같은 음식을 계속 먹으면 '맛이 분명해진다'고 합니다.

햣켄 선생은 예전에 점심으로 소바를 드시는 습관이 있었습니다. 같은 소바집에서 매일 같은 모리소바(대발을 깐 작은 나무 그릇에 담아 양념 국물에 찍어 먹는 메밀 국수—옮긴이)를 드시는 것이지요. 딱히 맛있지는 않았습니다. 하지만 매일 먹으니 '맛이 분명해지기 시작'했습니다. 음식을 원하는 위와 넘어가는 음식의 질량이 과부족 없이 딱 들어맞으니 고작 모리소바로도 세상 어디에서도 맛볼 수 없는 산해진미와 같은 천상의 맛을 느낄 수 있었다고 합니다. 어쩌다 멀리 나가도 식사 시간이 되면 항상 드시던 소바가 먹고 싶어 어쩔 줄을 모르셨습니다. 일행이 자기 나름의 눈치로 장어 덮밥을 주문해도 햣켄 선생은 소바를 고집하셨다고 합니다.

쾌락은 어떤 종류의 반복성 안에 존재합니다. 이를 통견洞見이라는 단어 외에 어떤 말로 표현할 수 있을까요? '같은 것만 원하는 팬들은 게으르다'고 말하는 사람도 있지만 그건 틀린 것 같습니다. 팬들처럼 쾌락을 탐욕스럽게 추구하는 존재는 없으니까요. 이것이 '올바른 팬의 자세'입니다.

내가 남몰래 '마음의 스승'으로 우러러보는 오타키 에이치(1970년대 일본 대중음악계를 주름잡은 작곡가이자 뮤지션─옮긴이) 선생이 야마시타 다쓰로(싱어송라이터, 광고 음악도 다수 작곡했다─옮긴이) 군에게 그가 비교적 같은 타입의 곡을 반복해서 만드는 것을 높이 평가하며 "야마시타 군은 대단해! 그건 말이지, 같은 것을 추구하는 데 여념이 없는 팬들에 대한 너의 대단한 애정이야"라고, 몇 년 전인가 〈신춘방담〉(新春放談, 야마시타 다쓰로가 진행하는 라디오 프로그램에서 매년 1월 오타키 에이치와 가졌던 대담. 2012년이 마지막 방송이었다─옮긴이)에서 말씀하신 적이 있는데, 적절한 비평이었다고 느낍니다.

구와타 군이나 야마시타 군은 역시 애정이 있는 사람들인 겁니다. 팬들에 대한 영합이 아니라 애정입니다. 이것이 두 사람의 음악이 20년 넘게 사랑받고 있는 이유가 아닐까 합니다.

신쇼 스승이나 핫켄 선생, 야마시타 다쓰로 군과 비교하기는 외람되지만, 이런 책을 만들 때의 요령도 '큰 줄기는 비슷하게, 세부를 조금 다르게' 하는 것이라고 생각합니다. 주제는 다르더라도 엮는 솜씨가 늘 일정하기를 독자는 원하는 것이지요. 적어도 내가 책을 낼 때는 그렇습니다.

나는 무라카미 하루키와 하시모토 오사무(橋本治, 『나비의 행방』, 『일본이 가는 길』 등을 쓴 소설가─옮긴이)와 야하기 도시히코(矢作俊彦, 『라라라 과학의 아이』 등을 쓴 소설가─옮긴이)와 무라카미 류와 다카하시 겐이치로(高橋源一郎, 『사요나라 갱들이여』, 『우아하고 감상적인 일본야구』 등을 쓴 소설가─옮긴이)의 책은 신간이 나오면 바로 책방으로 달려가 사는

데, 다들 정말 빠짐없이 '늘 같은 것'을 쓰고 있더군요. 그래서 좋아합니다.

무라카미 하루키가 1960년대 팝 음악을 비판하거나, 야하기 도시히코가 요코하마에 질리거나, 다카하시 겐이치로가 건강을 위해 헬스장에 다니기 시작했다면 실망해서 더 이상 그들의 작품을 읽을 기분이 들지 않을 것입니다(아니, 그래도 읽으려나요, 역시나).

—5장—

가족을 다시 생각하다

모든 제도에는 유효기간이 있다 〰〰〰

어떤 제도에도 유통기한은 있습니다. 아무리 훌륭한 이념이라도 반드시 유통기한은 오고 더 이상 쓸 수 없게 됩니다. 아무리 맛있는 음식이라도 반드시 상하는 것과 같은 이치입니다. 그러니 유통기한이 오기 전에 먹자, 그리고 유통기한이 오기 직전까지 맛을 즐기자는 것이 나의 생각입니다.

제도의 변화에는 시차가 있습니다. 빨리 변하지 않으면 의미가 사라지는 제도가 있는가 하면, 어느 정도 시간이 걸려 천천히 변화하는 것도 있습니다. 경제 정책의 경우 대상이 시장이라는, 반응이 매우 빠른 상대이기 때문에 느긋하게 있어서는 쫓아갈 수가 없습니다. 하지만 가족이나 교육, 성 문제 등과 관련된 사회제도의 경우, 그렇게 빠른 시간 안에 의식 변화가 일어나기는 힘듭니다. 제도를 너무 많이 건드리게 되면 사람과 제도 사이에 마찰이 생겨납니다. 이런 제도는 어느 정도 천천히 변화를 만들어가야 합니다.

여기에 더해 시스템의 끝에서 끝까지 한꺼번에 변화를 주는 것은 위험한 일입니다. 변하는 것과 변하지 않는 것이 적당히 혼재되어 있어야 시스템 충돌을 피할 수 있습니다.

보통은 어떤 사회제도가 부패하기 시작한 무렵에 다음 시스템이 나타나기 마련이고 그 덕에 이행이 원활하게 이루어집니다. 사회 제도는 한번 버리면 대체할 만한 것이 없어서 다음 것이 오기 전에 '별 볼 일 없는 제도잖아'라는 말로 폐기해버릴 수 없습니다. 절대로 그렇게 하면 안 된다는 건 아니지만 나중에 골치가 아픕니다.

국민국가, 인종 개념, 계급제도, 일부일처제 등은 다가올 미래에 그다지 길게 유지될 것 같지는 않지만, 앞으로 50년 정도는 유통기한이 남아 있습니다. 남아 있는 동안에는 아직 '유통'할 수 있으므로 '다음 것'이 오기 전까지는 어떻게든 이것을 돌리며 견딜 수밖에 없습니다.

1960년대에 미국에서는 공민권 운동이 있었습니다. 그 과정에서 '흑인으로서의 정체성', 즉 흑인 고유의 문화가 강조되었습니다. 확실히 이 시기에는 인종의 차이를 특별히 심화시켜 드러내야 하는 정치적 필연성이 있었습니다. 인종 개념이 폐기된 세상을 만들기 위한 일시적 우회로였던 겁니다. 지금 인종차별 철폐를 큰 목소리로 주장하는 것은 최종적으로는 인종 개념을 무해화하기 위한 '방편'이라는 점을 모두 알아두어야 합니다.

인종 개념은 그런 의미에서 방편이자 환상입니다. 생각해보면 미국은 혼혈이 진행되어 이미 '순수 니그로이드'는 없으니까요. 그럼에도 불구하고 선조 중에 흑인이 있는 사람은 여전히 '흑인'으로 불립니다. 이것은 단순하기 그지없는 환상입니다.

한번 생각해보세요. 우리의 조상은 부모가 둘, 조부모가 넷입니다. 그러니까 대를 거슬러 올라가면 조상의 수는 2의 n승이 됩니다.

2의 n승이라고 하면 25대를 거슬러 올라갔을 때 내 선조의 수가 3천만이 넘는다는 뜻입니다. 헤이안 시대 무렵의 일본의 인구는 그렇게 많지 않습니다. 그렇다면 나의 선조들인 이 3천만 명 중 상당수가 동일 인물이거나 또는 그 안에 외국인이 섞여 있었다는 말이 됩니다.

세계 인구도 마찬가지입니다. 33대를 거슬러 올라가면 나의 선조는 85억 명이 됩니다. 지금 이 땅 위에 사는 인간의 수보다 많습니다. 그 85억 명이 전원 나와 같은 '순혈' 인종이었다고 보기는 어렵습니다. 따라서 '순혈 일본인'이나 '순혈 흑인'이라고 '내세우는' 것은 난센스가 아닐 수 없습니다. 어느 쪽이든 인류의 기원은 어느 아프리카 여성에 귀착된다는 학설이 인류학적 정설이므로 인류는 문자 그대로 '형제자매'인 것입니다.

그런데 이렇게 말하면 분통을 터뜨리는 사람이 꼭 있습니다.

그럼 '인종 개념'과 같은 멍청한 얘기를 지금 당장 그만두든가, 영원히 계속하든가, 둘 중 하나를 택하라고 말입니다.

사회문제를 두고 화만 내는 사람들은 사고 패턴이 고정되어 있습니다. 이 제도는 이러이러한 결점이 있다, 그래서 바로 폐기하지 않으면 안 된다, 또는 이 제도는 이러이러하게 훌륭하다, 그래서 영원히 지속되어야 한다. 그들은 이렇게 전체를 부정하거나 전체를 긍정하는 것밖에 모릅니다. 국가는 폭력적 장치다, 그러니 당장 사라져야 한다는 의견과 국가 자체는 만세일계(萬世一系, 일본 황실의 혈통이 단 한 번도 단절된 적이 없다는 주장―옮긴이)이며 따라서 영원히 지속되어야 한다는 의견 중 어느 한쪽으로 분열되어버리고 맙니다. 국민국가가 영원히 이어질 리는 없습니다. 하지만 그렇다고 해도 지금 당장 없앨 수는 없습니다. 어차피 끝나겠지만 지금은 아직 존속되고 있습니다. 사회제도라는 것이 전부 그렇습니다. 상황이 이러니 어떻게 손을 대서 다음 제도가 생길 때까지 쓸 수 있을지, 어디까지 부패하면 '다음'으로 대체될 수 있을지 하는 논의가 진행되어야 합니다.

따라서 인종 개념은 환상이므로 지금 당장 버립시다, 하는 건 불가능한 주장입니다. 현실에서는 'Black is Beautiful'이라는 인종적 환상을 바탕으로 한 시민권 탈환 투쟁이 불과 30년 전 미국에서 일어났고, 그 덕분에 권리를 보장받은 시민들이 수백만 명이나 되니까요. 일본의 식민 지배를 당한 사람들이 일본의 전쟁 책임과 전후 보상을 묻는 목소리에 대해서도 "당신들이 근거로 삼고 있는 것은 19세기적 민족의식이다. 낡아빠진 것이다. 그런 것은 버려라"라고 할 수는 없습니다. 낡았든 허구든 그런 환상이 실제로 살아서 현실을 움직이고 있는 이상 현실의 수준에서 대응할 수밖에 없습니다. '이 제도는 별 볼 일 없다, 하지만 그 제도 위에서 문제를 해결할 수밖에 없다'는 모순을 받아들일지 말지를 선택하는 것이 사회인의 역할입니다.

호적 제도도 그렇습니다. 현행 호적 제도가 가장 좋다고 할 수는 없겠지만, 그 때문에 혼인신고를 하지 않거나, 혼인신고야 그렇다 치더라도 출생신고까지 하지 않는다면 부모에게 이용당한 아이만 불쌍할 뿐입니다.

조만간 더 합리적인 제도로 바뀌리라고 본다면, 어떻게 해야 그 제도에 연착륙할 수 있을지를 다 같이 생각해보아야 하지 않겠습니까?

어떤 제도라도 반드시 부패합니다. 하지만 유통기한이 지났다고 해서 과거에 아름다웠다는 것, 맛있었다는 사실이 변하지는 않습니다. '그땐 정말 좋았지. 하지만 이제는 상했으니까 먹을 수는 없어. 유통기한이 가까워졌으니 이제 버려야겠지' 하며 합의를 형성하는 방식으로 새로운 제도를 연착륙시키는 것이 중요합니다.

희한한 점은 '그건 이제 못 써. 낡았으니까 버려야지' 하는 식으로 홀대하면 제도라는 것이 좀처럼 사라지지 않는다는 사실입니다. 반대로 '그건 정말 좋았어, 그때는 정말 도움이 됐다니까'라고 업적을 칭찬하면 그쪽도 '나는 이제 죽어가고 있구나' 하는 사실을 받아들이고 조용히 자취를 감춰줍니다.

나는 이렇게 '불필요한 것을 예의 바르게 버리는 행위'를 '애도'라고 말하는데, 정말 중요한 일입니다, 이게. 인간이든 제도든 이데올로기든 '죽은 것'은 제대로 애도해야 합니다. 마지막 가는 길에 침을 뱉는 것이 아니라 꽃을 바치고 그 업적을 칭찬하고 조용히 성불하기를 기원합니다. 그렇게 하지 않으면 유통기한이 지나 상해버린 제도가 좀처럼 죽지 않고 몸부림을 칩니다.

노가쿠에는 '누에鵺'라는 곡이 있습니다. '누에'란 얼굴은 원숭이, 손발은 호랑이, 꼬리는 뱀, 목소리는 개똥지빠귀인 키마이라(그리스 신화에 등장하는 동물로 앞쪽은 사자, 뒤쪽은 큰 뱀, 가운데는 숫염소의 모습을 하고 있다—옮긴이) 같은 괴물인데, 미나모토노 요리마사(헤이안 시대 말기 다이라 가문平氏이 세력을 떨치는 가운데 미나모토 가문源氏 출신으로는 가장 높은 종삼위에 올랐다. 누에 이야기는 일본의 대표적인 고전이자 군담 문학인 『헤이케 모노가타리平家物語』에 실려 있다—옮긴이)에게 사살당해 작은 배에 태워져 요도가와淀川로 떠내려갑니다. 그렇게 누에의 사체는 아시야芦屋에 도착하고 그 혼령이 있는 곳을 유람 중인 승려가 지나가다가 성불하도록 돕는다는 줄거리입니다. 이 곡에서 승려는 중요치 않은 괴물에게도 "그럼 누에의 혼령입니까? 그때의 정황을 소상히 말해보시오. 그 상처를 성심껏 애도하리다"라며 죽임을 당한 정황을 상세하게 이야기하게 하고 부처가 될 수 있도록 구제합니다.

지금 전해지는 노가쿠는 200곡쯤으로, 그중 절반 정도는 현세에 마음을 두고 떠난 무념의 사자死者의 명복을 빌고 '저세상에서 잘

힘만 조금 뺐을 뿐인데

살기를 비는' 설화로 구성되어 있습니다. 아쓰모리敦盛, 쓰네마사経正, 도모모리知盛와 같은 다이라 가문平家의 무사들도, 로쿠조 미야스도코로(六条御息所, 무라사키 시키부가 쓴 헤이안 시대 고전 문학『겐지 모노가타리』에 등장하는 가상의 인물. 주인공 히카루 겐지의 가장 어릴 적 연인 중 하나로 질투가 심한 나머지 생령이 되어 사람을 죽이는 등의 독특한 성격 때문에 많은 작품의 소재가 되었다―옮긴이)의 생령(살아 있는 육체에서 이탈한 영혼. 주로 인간이 일으키는 집요한 감정에서 비롯된다고 전해진다―옮긴이)들도, 아다치가하라의 할머니 귀신(일본의 전설 중 하나로 아다치가하라의 외딴집에 살면서 임신한 여행객의 배를 갈라 생간을 꺼냈다는 늙은 유모의 영혼을 말한다. 모시던 아가씨의 병을 고치기 위함이었으나 자신이 죽인 임부가 오래전 헤어진 딸임을 알고 미쳐버렸다고 한다―옮긴이)도 모두 '애도'를 받고 성불하게 됩니다.

중세 일본인들이 '명을 다한 것들'의 혼을 달래는 데 얼마나 부심했는지는 노가쿠를 보면 알 수 있습니다. 특히 한때 권력을 쥐었거나 부귀영화를 누렸거나 자유분방하게 살다가 '유통기한'이 다 되어 무대에서 퇴장해야 하는 사람이 어느 정도의 '독'을 품는지를 중세의 일본인들은 잘 알고 있었던 것 같습니다.

죽은 사람이든 제도든 이데올로기든, 죽음에 임하면 '독'이 반드시 분비됩니다. 과거에는 사회에서 선을 행한 사람도 제대로 죽지 못하면 산 사람에게 해를 끼치게 됩니다. 그것을 어떻게 최소화, 무해화할지 생각하는 것은 사회 구성원의 중요한 임무 중 하나입니다.

〰〰〰 내가 생각하는 확대가족론

유통기한이 지나버린 제도 중 하나로 일부일처제가 있습니다. 안타깝게도 이미 '수고하셨습니다'라는 말을 듣는 상황이 되어가고 있지만요. 물론 앞으로도 일부일처제는 지속될 것입니다. 대세는 아니더라도 '가족제도의 옵션 가운데 하나'로 전락할 가능성이 꽤 클 듯합니다.

오늘날 파리에는 주민들의 50퍼센트가 독신, 헤테로 · 호모 비혼 동거 커플, 친구들끼리의 코뮌, 아이를 데리고 재혼한 커플 등 다양한 가족 형태가 등장하면서 '아빠 · 엄마 · 자녀들'이라는 전형적인 핵가족은 이미 소수가 되었습니다.

사실 나는 일부일처제가 잘 만들어진 제도라고 생각합니다(개인적으로는 실패했지만, 지금도 제도로서는 나쁘지 않은 듯합니다).

아무리 생각해도 줄곧 상대를 바꾸느니 한 사람과 평생을 함께 해로하는 편이 생존 전략상의 '코스트'가 절대적으로 저렴합니다.

결혼한 사람과 평생 해로하며 서로가 혼인 계약을 위반하지 않는다는 확신을 가질 수 있다면 매우 편안하겠지요. 절대 배신하지 않는 파트너가 있다는 건 어떤 상황에서도 아주 든든한 일입니다.

그러나 이 주장은 현재 소속이 불분명합니다. 그보다는 '법률적 속박 따위 없는, 사랑만을 기반으로 한 파트너십'이 가장 좋다는 견해가 점점 여론을 확대하고 있습니다.

그런데 이게, 과연 좋은 것인가 하는 의문이 듭니다.

법률상 결혼은 하지 않고 순수하게 사랑만으로 연결된 관계는 사랑이 사라진 순간에 끝나버립니다. 끝나버린다기보다 '끝내야' 합니다. 이는 사랑 외에 다른 어떤 지지대도 없다는 점에서 극히 '순수한' 성적 관계이고, 이해 득실이나 세속적 요소를 확실히 잘라내 버렸다는 점이 중요하니까요.

따라서 '사랑만으로 묶인 두 사람'은 끊임없이 "나 사랑해?" 하고 상대방에게 확인을 받아야 합니다.

하지만 말입니다, 이거 제법 스트레스입니다.

비즈니스를 한번 떠올려보세요. 약속만으로는 상대방이 계약을 수행할지 신뢰할 수가 없어 전화로 매일같이 "괜찮나? 잘하고 있나?" 확인을 해야 하는 상대와, 일단 약속을 해놓으면 납기까지 그저 안심하고 맡겨두어도 되는 비즈니스 파트너 사이에서 느껴지는 스트레스는 완전히 다를 것입니다.

인간이 서로의 사랑을 확인하기 위해 수고를 들이는 건 '그것만으로 즐겁기' 때문입니다. 연인끼리 "사랑해?" "사랑해" 하는 문답을 끝도 없이 반복하는 건 즐겁기 때문입니다.

그런 문답을 선호하는 건 그 목적이 어디까지나 '즐거움'일 때에 한해서지, 그것을 인간관계의 중심에 놓기는 힘듭니다.

서로 100퍼센트 사랑하는지 매일 확인해야만 관계가 유지되는 비타협적 관계는 정말로 힘듭니다. 사랑의 징후가 조금이라도 미약해지면 "사랑이 식었어!"라며 질책을 하거나 요구가 따라붙습니다.

그렇게 되면 처음엔 '희열'이었던 하루하루의 애정 확인 작업은 '복장 검사'나 '금서 검열'과 같은 억압적 절차로 둔갑하고 맙니다. "있잖아, 나 사랑해?" "그럼 당연히 사랑하지." 주고받는 말은 같아도 그 목적이 희열에서 계약 확인으로 변질되고 있는 것입니다.

법률적 지원을 요하지 않는, 순수하게 애정만으로 이어진 '연애지상주의적 파트너십'의 최대 난점은 대개의 경우 '관계를 유지하기 위해 쓰는 에너지'가 '관계를 통해서 얻을 수 있는 에너지'보다도 커져버린다는 점입니다. 수지 타산을 계산해보면 '혼자 있는 것보다 같이 있는 것이 피곤한 관계'가 되고 맙니다.

법률적 구속 때문에 서로 사랑하지 않는데도 함께해야 하는 것 또한 힘들겠지만, 기댈 것이 사랑밖에 없어서 항상 격렬하게 서로를 사랑해야만 하는 것도 꽤 힘든 일 아닐까요?

어느 쪽이든 1 대 1 관계는 '확 끌리지 않는다'는 것이 요즘의 추세입니다.

왜 이렇게 되고 있는 걸까요?

가정을 꾸리는 방법이 잘못되어 있다는 데 그 이유가 있지 않을까 합니다.

핵가족에 문제의 뿌리가 있는 것입니다.

아버지, 어머니, 자녀가 묶인 이 세트. 이 세트를 기본으로 간주하는 세태가 근본 원인입니다.

집 안의 환기가 잘되지 않고 있는 것이지요.

두 부부와 자녀가 만드는 삼각형에 숨통을 틔워주는 존재가 집에 없다면, 아마도 가정은 숨 쉬기 답답한 곳이 될 것입니다. 이것은 내가 처음 한 말이 아닙니다.

레비스트로스에 따르면 본래 친족의 기본 구조는 4항 관계입니다. 아버지, 어머니, 어머니의 형제(삼촌), 그리고 남자아이입니다. 이는 남자아이를 중심으로 한 경우고, 여자아이가 중심일 때 4개 항은 아버지, 어머니, 아버지의 여자형제(고모)와 여자아이가 됩니다.

어떤 경우든 부모 대에서 자신과 동성인 어른이 두 명 필요한 것입니다.

가장 알기 쉬운 예가 〈남자는 괴로워〉(1969년부터 1995년까지 방송된 일본의 국민 드라마. 어리숙하지만 인간미 넘치는 캐릭터 '도라'를 통해 사람과 사람 사이 따뜻한 정에 대한 향수를 선사했다─옮긴이)의 '도라 삼촌'입니다.

미쓰오(요시오카 히데타카)의 아버지는 히로시(마에다 긴), 어머니는 사쿠라(바이쇼 지에코), 그리고 삼촌(아쓰미 기요시)이 바로 '도라'입니다. 드라마에서는 도라 삼촌이 여동생 사쿠라를 히로시에게 시집보낼 때 일종의 '대여' 비슷한 약속이 오고 갑니다. '여자를 선물하는' 시스템을 통해 친족 구조가 돌아가므로 가능한 일이었습니다. 히로시는 도라에게 반대급부의 의무를 지고 있기 때문에 그 앞에서는 왠지 모르게 고개를 들 수가 없습니다. 도라 삼촌은 히로시가 미쓰오에게 이것저것 불만을 말하면 꼭 옆에서 트집을 잡습니다. 미쓰오의 아버지가 '해라'라고 한 일을 삼촌은 '안 해도 된다'고 합니다. 아버지가 '하면 안 된다'라고 한 일을 삼촌은 '해도 된다'고 하고요. 이렇게 꼭 어깃장을 놓습니다.

만약 이런 행동을 부부에게 한다면 서로 부딪칠 대로 부딪쳐서 결국 타협 불가능한 갈등으로 번지겠지요. 가정 내에서 아버지의 가치관은 이렇게 아버지와 삼촌의 대화를 통해서 상대화됩니다. 어른 남자는 남자아이의 사회적 행동을 가르치는 '소셜라이저'이지만, 자녀가 이렇게 두 가지 타입의 어른 남자를 보며 자랄 경우 사회화에 대한 압박이 줄어듭니다. 자아를 형성해나가야 한다는 심리적 압박은 아버지의 가치관에 어머니가 저항하는 경우보다 이경우에 효과적으로 줄어들 수 있습니다.

만약 아버지와 삼촌이 제대로 된 논쟁을 벌인다면 자녀는 거기서부터 더욱 다양한 배움을 얻을 수 있습니다. 논쟁하는 법이나 설득하는 법은 물론이고 논쟁에 져서 수긍해야 할 때 그것이 실제로 어떻게 이루어지는지를 보지 않으면 학습은 쉽지만은 않습니다. 특

　　　　　　　　　　　　힘만 조금 **뺐**을 뿐인데

히 '논쟁에서 올바르게 지는 법'을 배우는 귀한 기회가 됩니다. 어떤 타이밍에서 어떤 말투로 자기 의견을 뒤집을 것인가, 또는 어떻게 하면 상대방이 걸려들 수 있도록 '꽃길'을 마련해두었다가 승리를 거머쥘 수 있을 것인가. 논쟁의 이러한 미묘한 색채는 현장이 아니고서는 보기가 어렵습니다.

어머니에 대한 고모의 견제 역시 사회적 기능은 삼촌과 다르지 않습니다. 어머니가 딸에게 휘두르는 지배력을 옆에서 컨트롤하는 역할입니다.

어떤 경우든 부모들의 형제자매가 옆에서 친권 행사에 개입하는 형태가 친족의 기본 구조입니다. 본래 **친족의 최소 단위**란 이렇습니다. 인류학에 따르면 모든 인간 집단은 유사 이래 이 4개 항의 구성원으로 친족을 구성해왔습니다.

그러다가 근대 이후 삼촌과 고모가 구조적으로 배제된 핵가족이 다수 나타났습니다.

인류학적 기준에 비춰본다면 핵가족은 '불완전한 시스템'입니다. 본래 친족을 구성하는 데 있어 필요한 요소가 결핍되어 있기 때문입니다.

잘 아시는 것처럼 살인 사건의 대부분은 가정 내에서 일어납니다. 유아 학대도 거의 친부모가 저지릅니다. 그만큼 현재의 핵가족은 폐쇄적이고 폭력적인 공간이 되어가고 있습니다. 미셸 푸코의 말을 빌리자면 가정이 살기 힘든 공간이 되어버린 시기는 근대 핵가족 이후라고 합니다.

핵가족은 지나치게 닫혀 있습니다. 그것이 확연하게 드러나는 곳이 캠프장입니다. 나는 친구들과 매년 주젠지中禅寺로 캠프를 가는데, 캠프장에서 제일 '느낌이 안 좋은' 경우가 핵가족으로 놀러온 사람들입니다. 으리으리한 캠핑 장비로 무장하고 와서, 거대한 텐트를 치고, 주위에 울타리를 두르고, 다른 사람이 '자기 땅'을 지나가지 못하도록 '담장'을 쌓고, 주변 캠퍼들 중 누구와도 말을 섞지 않으며, 평소와 완전히 똑같은 생활 태도를 그곳까지 가지고 들어옵니다.

그에 비하면 친구들끼리 캠핑을 왔거나 여러 가족들이 함께 온 그룹은 더 개방적입니다. 이런 집단은 이미 '타인'과 공간 및 음식을 공유하면서 만들어졌기 때문에 닫혀 있는 경우가 드뭅니다. 옆 텐트 사람들과도 금방 말을 틉니다.

뒤르켐Émile Durkheim은 사회학의 고전인『자살론』에서 자살이 많은 사회와 적은 사회를 비교하며 이런 말을 했습니다.

"북국北國은 자살자가 많고, 남국南國은 자살자가 적다. 자살률과 평균기온은 관계가 있다."(인간이란 그런 점에서는 상당히 단순한 생물입니다.)

종교도 관련이 있습니다. 신교는 자살자가 많지만, 구교는 자살자가 적습니다. 신과 마주 앉아 대화를 나누며 자기 내면의 신앙이 진실한지 자문하는 종교는 인간을 고독하게 합니다. '공포와 경외'

안에서 신과 마주하는 자세는 정신력이 매우 강한 사람이 아니면 부담이 너무 큽니다. 구교처럼 나쁜 짓을 저지르더라도 고해를 통해 죄 사함을 받을 수 있다면 신자들은 심적인 부담은 사제에게 '맡기고' 마음이 편해질 수 있습니다(이건 내가 한 말이 아닙니다. 뒤르켐은 이렇게 말하고 있습니다).

뒤르켐이 지적한 또 한 가지는 대가족에는 자살한 사람이 적다는 점입니다. 혼자 사는 사람이 자살할 위험이 가장 높고, 그다음이 두 명, 세 명, 10명, 20명…… 이렇게 가족 구성원 수가 늘어남에 따라 자살률은 떨어집니다.

이유가 무엇인지 짐작하시겠지요.

대가족으로 함께 사는 데에는 함께 있을 이유가 필요하기 때문입니다. 그것은 보통 '가족의 이야기'라는 형태로 말해집니다. 공통의 선조가 무훈武勳을 세웠다거나 조상 중에 비범한 인물이 있거나 하면 가족들은 무슨 일이 있을 때마다 모여 그 이야기를 나눕니다. 그런 공통적인 기원 신화를 가진 가족들은 친족 의례를 소중히 보존하고, 명절이나 생일이나 제일이 올 때마다 모여서 연회를 열고, 자신들이 공통의 선조로부터 피를 이어받은 가족이라는 사실을 확인하며 축하합니다.

이런 공동체에 포함된 사람은 쉽게 자살하지 않습니다. 고립감을 느끼는 일이 적기 때문입니다. 긴 역사를 자랑하는 특정한 집단과 자신이 통합되어 있고, 그 시간적 · 공간적 네트워크 안에 '다른 사람으로는 대체되기 힘든' 구성원의 한 사람으로 소속되어 있다는 것을 느끼기 때문입니다.

뒤르켐의 설은 핵가족을 답답하게 느끼는 내 감각을 다른 면으로도 논증해주는 듯합니다. 나는 가족의 구성원이 많아야 집 안에서 개인이 자유롭다고 느끼는 동시에 지지받는다고 느낀다고 믿습니다.

어떻게 하면 가정을 열린 공간으로 만들 수 있을까. 한 사람 한 사람이 자유를 느끼면서 훨씬 깊은 곳에서 연결되어 있다고 느끼는 환상의 공동체를 어떻게 구축할 수 있을 것인가. 이것이 내가 줄곧 고민하고 있는 주제입니다.

우선 떠오른 해결책은 '확대가족'입니다.

여러 사람들이 모여 함께 살아가는 것입니다. 이미 가정을 꾸린 사람은 어렵겠지만 요즘엔 독신으로 사는 사람들이 많습니다. 내 주변의 대학 교수나 학생들도 혼자 사는 사람들이 매우 많고요. 그런 사람들이 느슨한 네트워크를 만들면 서로 의지하며 살 수 있을 것입니다.

대학 시절 넓은 집에 남자만 다섯이서 살았던 적이 있습니다. 모두 각자의 방이 있었고 한가운데 공용 공간으로 거실과 부엌이 있어 무슨 일이 있으면 그곳에 모였습니다. 누군가가 열이 나면 누군가가 간병을 하거나 장을 봐다 주거나 했고, 누군가에게 축하할 만한 일이 있으면 친구들이 모여들어 1년 내내 사람들이 드나드는, 정말로 개방적인 공간이었습니다.

힘만 조금 뺐을 뿐인데

돌아보면 나는 결혼할 때까지 항상 남자 친구들과 살았습니다. 혼자 살았던 시기가 없었습니다. 처음에는 대학 기숙사, 그다음은 대학생 아파트, 그리고 앞서 말했듯이 다섯 명과 함께 산 코뮌, 그 후에도 형과 함께 살거나, 적당히 들어왔다 나갔다 하는 남자 친구들과 그때그때 룸 셰어를 했습니다. 남자끼리 사는 공간은 남녀가 동거하는 집보다 왠지 모르게 편안한 모양인지 많은 이들이 모여들었습니다. 어느 날인가는 방에 들어갔더니 모르는 사람들이 자리 잡고 앉아 마작을 하고 있더군요.

그러다 보니 열아홉 살 이후 혼자 살아온 걸로 되어 있긴 하지만 결혼 전까지 항상 '누군가'와 함께 살고 있었던 셈입니다. 그런 걸 좋아하는 것이지요. 좁은 방을 타인과 함께 써야 한다면 사소하지만 사회적인 규칙을 정하고 그것을 지켜야 합니다. 그곳에서 발생하는 어떤 종류의 '공공성'은 집 안의 환기가 잘되는 느낌을 줍니다.

핵가족은 집 안에 '타인'이 없는 곳입니다. 그래서 전부 사적인 공간이며 동시에 공용 공간이 없습니다. 이 점이 가장 큰 문제입니다. 목욕을 하고 맨몸으로 나오거나 누워서 텔레비전을 보면서 방귀를 뀌거나 할 수 있는 것도 그곳에 있는 사람들 모두가 집을 '사적 공간'이라고 인식하고 있기 때문입니다. 말하자면 집 전체가 구성원 모두의 개인실이 되어 있는 겁니다. 이것이 핵가족입니다. 그리 기분 좋은 주거 형태는 아닙니다. 구성원의 프라이버시를 존중할 방법이 없으니까요.

아니, 각자의 방이 있지 않으냐고 반론하는 분도 계실지 모르지만, 핵가족의 개인 방은 진정한 의미의 개인실이 아닙니다.

머무는 손님이 있거나 하인, 서생, 집사 등이 복도나 응접실을 오갈 때에만 개인실은 개인실이 됩니다. 복도, 응접실, 화장실, 욕실이 '공용 공간'으로 인식될 때만 그와 차별화되는 공간으로서 '사적 공간'이 확보되는 것입니다. 가족끼리만 사는 가정의 개인실은 사적 영역이 아니라 '단순 구획'에 불과합니다.

하지만 현대의 가정에서는 어지간히 넓은 집에서도 사람을 쓰지 않습니다. 얼마 전까지만 해도 어느 정도 규모의 집에서는 반드시 사람을 부렸습니다. 『그 후』(나쓰메 소세키의 장편소설. 한 여자를 둘러싼 두 남자의 질투와 고뇌를 그려냈다―옮긴이)의 주인공 다이스케는 정해진 직업도 없이 빈둥거리면서도 할멈과 서생, 두 사람을 썼습니다. 그러면서도 제대로 연애를 했습니다. 즉 한 집에 '사적' 공간과 '공적' 공간이 확실히 구분되어 공존하고 있었다는 뜻입니다. 그곳에서의 프라이버시는 문이 있다든가 자물쇠를 채울 수 있다든가 하는, 단순한 공간적 단락段落이 아니라 **인간관계에서 친한 정도를 바탕으로 한 행동반경**으로 이해되었습니다.

하지만 요즘 사람들은 집 안에 '타인'이 들어오는 것을 무조건 싫어하고 봅니다. 가족들끼리 완전 밀실인 아파트에 살면서 이웃 주민과의 교류도 거의 하지 않습니다. 가족과 그 외부 사이에 결정적인 단절이 있는 탓에 집 안이 너무 질척거립니다. 기분이 좋지 않은 건 이 때문입니다.

일본의 가옥은 본래 조금 더 개방적인 구조였습니다. 마루는 그런 기능을 담당하고 있었습니다. 마루라는 곳은 집 내부도 아니고 외부도 아닌 중간적인 공간입니다. 마루에 와서 앉는 사람은 '손님'도 아니고 '그냥 지나는 사람'도 아닙니다. 그 중간 정도에 있는 사람이랄까요. 주인은 그 사람에게 방석을 권하고 차를 냅니다.

내가 어릴 적 살던 집은 마루가 있고 작은 정원이 있고 그 앞에는 낮은 담장이 있어 지나가는 이웃이 보였습니다. 밖에서도 집 안을 어느 정도 들여다볼 수 있었을 겁니다. 집에는 실제로 손님들이 자주 드나들었습니다. 밀실성이 희박했다는 말입니다.

오즈 야스지로(小津安二郎, 일본 영화의 3대 거장 중 한 명으로 서민들 사이의 관계와 의사소통, 가족 간의 유대감 등을 소재로 삼았다. 〈동경 이야기〉 등이 대표작이다 — 옮긴이)의 〈꽁치의 맛〉에 나온 사다 게이지와 오카다 마리코 부부가 살고 있는 아파트에서는 똑똑, 하고 문을 두드려서 "무슨 일?" 하고 물어오면 "토마토 좀 빌려줘"라며 반찬이나 조미료를 이웃 간에 서로 빌려 씁니다. 〈안녕하세요〉에서도 장 보러 가는 사람이 "지금 장 보러 갈 건데 뭐 필요한 거 있어?" 하고 옆집 주부에게 묻습니다. 그러면 "무 좀 사다 줘" 하는 식으로요. 도쿄 사람들도 1950~1960년대까지는 이렇게 살았습니다.

그런 '이웃'과 '마루'가 지금은 사라져버렸습니다. 건물 구조상의 이유도 있겠지만, 그 때문만은 아닙니다. 밀폐된 집을 좋아하는 사람들이 늘고 있어서입니다. 아이가 집에 친구를 데려오면 싫어하는 부모가 늘었습니다. 지금은 친척이라도 미리 전화도 안 하고 집에 찾아가면 매우 싫은 내색을 합니다. 하지만 우리 어린 시절에는 미리 약속을 하지 않고 서로의 집을 오가는 일이 아주 흔했습니다.

이제는 집이 폐쇄적이 되어가고 학교도 닫힌 공간이 되면서 어디를 가든 비좁아졌습니다. 초등학교 등에서 집단 따돌림이 일어나는 이유 중 하나는 학교가 비좁기 때문입니다. 교실이 '공용' 공간이 아니라 공기가 흙탕물처럼 고여 있는, 농밀한 '사적' 공간이 되어 있습니다. 아이들도 교사들도 자기 집에 있을 때와 똑같이 거침없는 말투를 쓰고, 사생활에서도 똑같은 매너로 행동합니다. 공사를 구분하여 행동하는 것이 중요하다는 점을 이제는 아무도 가르치지 않습니다. 그렇게 하는 편이 '환기가 잘된다'는 사실을 아무도 알려주지 않습니다.

그런 균질적인 공간에 숨구멍을 트이는 존재가 바로 '트릭스터'(trickster, 신화 등에서 신과 자연계의 질서를 깨고 장난을 좋아하는 장난꾸러기— 옮긴이) 같은 인물입니다. 그런 이가 한 사람만 있어도 공간의 흐름이 크게 바뀝니다.

소믈리에로 일하는 친구에게서 들은 이야기인데, 프렌치 레스토랑에 있는 소믈리에가 그런 트릭스터 같은 존재라고 합니다.

소믈리에는 플로어에만 있는 것도 아니고 주방에만 있는 것도 아니고, 두 공간 모두를 오갑니다. 직속 상사가 있는 것도 아니고 지휘 계통에 속해 있는 것도 아닙니다. 플로어와 주방, 두 영역 어디에도 속하지 않은 채 양쪽을 연결하는 역할을 합니다.

주방은 상하 위계질서가 확실하고 일이 비슷해서 요리사들의 세계에서는 비교적 따돌림이 많은 편이라고 합니다. 균질적인 장소이기도 하고 실력 차이가 역력히 드러나니까요. 생각해보면 따돌림이 일어나기 쉬운 환경입니다. 그럴 때 사람들은 소믈리에에게 알게 모르게 '바짝 졸아든' 분위기에 숨구멍을 틔우는 역할을 기대한다고 합니다. 주방의 가치관과 다른 종류의 생각을 그곳에 흘려보냄으로써 위험할 정도로 고조된 내부의 압력을 떨어뜨리고 시스템을 안정시키는 역할이지요. 이런 일은 레스토랑뿐만 아니라 다양한 곳에서 일어나고 있습니다.

트릭스터는 상반되는 두 가지 요소를 자기 안에 지니고 있는 사람을 말합니다. 본래 인간은 모두 잠재적으로 트릭스터와 같은 존재입니다. 한 사람 안에 야성과 문명, 남과 여, 악마와 신 등 상반되는 요소가 공존하고 있기 때문입니다. 이것은 자연스러운 일입니다.

자신이 그런 복합적인 존재라는 사실을 자각한 사람은 다양한 것들과 연결되기 쉽고 여러 네트워크에 접속하기도 수월합니다. 그 사람이 촉매가 되어 그 전까지 별개로 기능했던 시스템이 조화를 이루어 공동체가 평화롭게 움직입니다. 나는 그런 것을 좋아합니다.

확대가족, '삼촌' '고모' 이야기, 트릭스터…… 다양한 사례를 말씀드렸지만 결국 말씀드리고 싶었던 것은 집을 열린 시스템으로 만들어야 한다는 사실 단 하나뿐입니다. 피붙이만으로 굳어진 장소가 실제로는 폭력과 광기의 온상이라는 것, 구성원들의 심신에 상처를 입히는 곳이라는 것, 이런 사실을 훨씬 더 적극적으로 알려야 합니다. 많은 가정은 이미 그 구성원들을 '치유하는' 곳이라기보다는 '해치는' 곳이 되었습니다. 지금의 아이들에게 급선무는 **어떻게 하면 가정이라는 위험한 곳에서 상처 없이 도망칠 수 있을까** 하는 점이라고 말해도 과언이 아닙니다.

가정을 살리기 위한 전략은 기본적으로는 지금까지 말한 생존 전략과 같습니다. 어쨌든 가정에서도 '민낯'으로 돌아가서는 안 됩니다. 부모는 '부모답게' 아이는 '아이답게' 마치 연기라도 하듯이 행동하는 것입니다. 서로의 내면을 날것 그대로 드러내는 경박한 행동은 가정 내에서는 자제합니다. 그런 절도 있는 행동을 가족들과 함께 있을 때도 유지하는 것입니다.

눈에 뻔히 보이는데도 모르는 체하는 게 어떻게 가족이냐고 목소리를 높이는 사람도 있을지 모릅니다. 하지만 그런 분은 '친숙함'과 '익숙함'을 혼동하고 있는 건 아닐까요? 진짜 친숙함은 존경이 없는 곳에 발을 디딜 수 없습니다.

따뜻하고 편안한 가정이란 모두가 노골적으로 에고를 드러내고 속마음을 거침없이 보여주는 가정이 아닙니다. 한 사람 한 사람이 욕망을 자제하며 내면을 감추고 가정 안에서 기대되는 역할을 제대로 수행하는 것, 그렇게 함으로써 다른 구성원이 '가정 밖에서 맺

힘만 조금 뺐을 뿐인데

는 가족 외의 인간관계' 속 활동을 지지하는 곳이 올바른 '치유'의 장으로서의 가정입니다.

내가 '자립하라'고 대학생들에게 잔소리를 하는 이유는 혼자 사는 것이 편하다든가, 누구에게도 의존하지 않는 생활이 멋있다든가 하는 얄팍한 교훈을 말하기 위함이 아닙니다. **자립할 수 있는 사람, 고독을 견딜 수 있는 사람만이 따뜻한 가정, 친숙함이 넘치는 가정을 만들 수 있다**고 생각하기 때문입니다. 혼자 있을 수 있는 사람만이 타인이 곁에 있을 때의 온기에 깊은 감사와 존경을 품을 수 있습니다.

역설적이게도, '따뜻한 가정을 만들 수 있는 사람'이란 '혼자 있는 것을 견딜 수 있는 사람'을 말합니다. '나를 위해 가족은 무엇을 해주는가'가 아니라 '가족을 위해 나는 무엇을 해줄 수 있는가'를 먼저 배려하는 사람을 말합니다.

가정은 사회이며, 가족은 타자입니다.

인간은 가정에서 태어나 처음으로 공동체에서 살아가는 매너를 배웁니다. 집단을 보호할 것, 타자에게 '디센트'할 것, 나의 위치를 올바르게 '매핑'할 것…… 등의 매너 말이지요. 타자와 공동체와 더불어 사는 데에는 가정 안팎이 따로 없습니다. 가정의 내부와 외부 사이에 결정적인 단절선이 있다고 오해하는 사람만이 집 안에서 치부를 드러내고 폭력을 휘두를 수 있습니다.

〰〰〰 사랑한다면 폭력은 없다

가정 폭력은 오늘날 아주 심각한 문제입니다. 나는 이 문제를 핵가족 환상의 말기 증상이라고 봅니다.

이 현상을 놓고 지금까지 존재해왔지만 단순히 은폐되었을 뿐이라고 말하는 사람과, 최근 들어 나타나는 현상이라고 말하는 사람, 두 부류로 의견이 갈리고 있는 듯한데, 나는 후자에 찬성하는 쪽입니다.

가정 폭력을 페미니즘으로 가져와 논하는 사람은 '원래 존재했으나 가부장 제도의 억압 아래 일상적인 것으로 치부되어 문제시되지 않았던 현상이 페미니즘의 개입에 따라 병적인 사례로서 전면에 드러났다'라면서 가족의 심리 문제로 해석하는 경향이 있습니다. 물론 새로운 이론의 출현으로 문제가 전면에 드러난 것은 사실입니다. 하지만 특정 사상이 뛰어나다는 점을 내세우면 그 문제가 '최근에 나타났을' 가능성은 깊이 따져보지 못하게 됩니다.

가정 폭력에는 새로운 요소도 있습니다. 폭력을 휘두르는 사람(대체로 아버지 또는 남편, 가끔 자녀)이 가족을 향해 폭언을 하거나 때릴 때의 '정해진 대사'를 '어디선가 들은 적이 있다'는 점입니다.

　인간에게 '타고난 감정'은 없습니다. 감정 표현은 학습하는 것입니다. 말로 표현하지 않는 감정은 표현되지 않는다, 이것이 문제의 전제입니다.

　가정 폭력이 항간에 흔히 일어나는 이유는 사람들이 폭력과 폭언을 자기표현 방법으로 '학습'했기 때문입니다. 그렇게 '자신이 타고난 감정'을 표현하는 것이 사회적으로 용인되어 있다고 생각하기 때문입니다.

　인간은 철저하게 사회적 동물이므로 사회적으로 인정받지 못하는 행동은 취하지 않습니다. '반사회적'인 행동이라 불리는 행동을 할 때조차 그것이 '반사회적인 행동'이라고 사회적으로 인지되기 때문에 일부러 하는 것입니다. 그렇지 않습니까? '사회적 규범을 지키지 않는 사람'은 누가 봐도 '사회적 규범을 지키지 않는 사람'이라는 것을 바로 알아볼 만한 기호적 복장을 하고, 그런 말투로 말하고, 그런 표정을 짓고 있습니다. 광고 대리점 영업 사원 같은 말투를 쓰는 조직폭력배는 없습니다.

　가정 폭력도 조직폭력배의 폭력과 본질적으로 같습니다. 그것이 무엇을 의미하는지 폭력의 가해자와 피해자 모두 '알고 있기 때문에' 폭력을 휘두르는 사람은 그 표현 방법을 학습하고 모사하고 실천하고 있는 것입니다.

그렇다면 이 사람들은 도대체 무엇을 '알고 있는' 걸까요?

'격렬한 감정은 그에 맞는 격렬한 표현을 동반하게 되어 있다'라는 생각입니다. 나는 이것이야말로 가정 폭력의 원점에 있는 이데올로기라고 말하고 싶습니다.

가정 폭력 사례의 대부분은 질투와 지나친 간섭에서 시작됩니다. 울면서 "나는 너를 이렇게 사랑하는데 왜 내 마음을 몰라주느냐"며 때리는 것이 전형적인 사례입니다. 폭력을 휘두르면서도 '내 마음'은 '순수하니까 옳다'라고 착각하기 때문입니다.

이런 이데올로기가 모든 악습의 근원이 아닐까 합니다.

"나는 너를 사랑한다"는 말만 하면 나머지는 무엇이든 용서받을 수 있다는 논리는 이제 그만 퇴출시켜야 하지 않겠습니까?

스토킹이나 가정 폭력은 바로 그 전형적인 사례입니다. 그 동기가 '사랑'이라면 무슨 짓을 해도 용인된다는 논리는 앞서 말한 '진짜 나' 또는 '내면'이라는 신화와 같은 뿌리를 가진 이데올로기입니다.

정말로 사람을 사랑한다면 때리지 못합니다. '때리는 사람은 맞는 사람을 사랑하는 것이 아니다'라는 점을 모두가 확실히 확인한다면 가정 폭력이 계속되는 일은 없을 것입니다.

타인에게 상처를 입히는 것은 상대방에 대해 악의가 있기 때문입니다. 사랑하기 때문에 사람을 다치게 하는 건 있을 수 없습니다.

나는 내 딸을 딱 한 번 때린 적이 있습니다. 딸이 세 살 정도 되었을 무렵이었습니다. 딸아이가 화장실용 진공청소기를 휘두르면서 놀고 있기에 그만하라고 말했는데도 재미있는지 멈추지를 않았습니다. 그러는 동안 변기의 물이 내 얼굴에 튀었습니다. 그때 나는 순간적으로 딸의 뺨을 때렸는데, 당시 나를 지배하고 있었던 것은 틀림없는 분노였습니다. '훈육'이나 '사랑의 매' 같은 거창한 것이 아니라, 딸이 내 독서를 방해했고 기분이 상했고 그래서 화를 낸 것입니다. 딸이 불에 데기라도 한 듯이 울기 시작하자 불현듯 원래의 나로 돌아와 깊이 반성했습니다.

만약 그때 내가 휘두른 폭력을 '훈육을 위해 필요한 일이었다'고 정당화했다면 그 후에도 계속해서 딸아이를 때렸을지 모르겠습니다. 그렇게 하지 않으면 세 살 때 때린 일을 정당화한 것이 흔들리게 될 테니까요.

나는 딱 한 번 딸을 때리고 나서 사람을 때릴 때 어디를 뒤져도 그 동기 안에 '부모로서의 애정' 따위는 없다는 것을 알았고, 이후 두 번 다시 아이에게는 손찌검을 하지 않겠다고 결심했습니다. 애정이 있어서 사람을 때린다는 말이 어불성설이라는 것을 그때 배웠습니다. 사람을 때릴 때는 미우니까 때리는 것입니다.

가정 폭력이 멈추지 않는 이유는 때리는 쪽과 맞는 쪽 모두, 마음속 어딘가에 그런 격렬한 감정의 표현을 감정의 '굴절된 표현'이라고 믿으려 하기 때문도 있지 않을까요?

심리학에서는 이를 반복 강박이라는 말로 설명하는데, 유아기에 부모로부터 학대당해온 아이는 학대받은 것을 '굴절된 애정'의 증거라고 스스로를 설득하면서 어디에도 기댈 곳 없던 유아기에도 의미가 있었다고 어떻게든 믿고 싶어 합니다. 사랑하기 때문에 때렸다고, 그렇게라도 믿지 않으면 정말로 도리가 없는 것입니다. 결국 악순환은 계속됩니다.

무서운 이야기지만, 그래서 아버지에게 줄곧 맞으면서 자란 여자아이는 성장한 후에도 남자를 고를 때 폭력적인 남자를 고르는 경향이 있습니다. 세대 간 대물림입니다. 애정이 있어서 때린다는 말로 자신을 달래왔기 때문입니다.

사람은 한번 메시지가 잘못 입력되면 끊임없이 집요하게 이야기를 만들어내는 존재입니다. 가정 폭력 피해자의 심리는 '반복 강박'이라는 것으로 설명할 수 있겠지만, 가해자 측이 현대의 지배적인 이론으로 그야말로 무장하고 있다는 사실에 대해서는 알려진 바가 별로 없습니다. 그것은 '진짜 나'라는 것이 인간의 내면 어딘가에 있고 그 '진짜 나'가 순수하기만 하다면 '밖에서는 무엇을 해도 상관없다'는 이데올로기입니다.

나에게 솔직하면 됐지 다른 누군가에게 조심스럽게 대할 필요는 없다, 나에게 성실하려면 어느 정도는 무례해도 괜찮다, 내 기분을 지키려면 남에게 상처를 줘도 어쩔 수 없다. 이런 이데올로기를 드라마, 소설, 영화가 은연중에 쏟아내고 있습니다.

그리고 이를 배 속 가득 집어넣은 '무구한' 젊은이들이 폭력을 휘두렵니다.

인간이 폭력을 휘두르는 것은 자제심이 약하거나 배려심이 부족해서가 아닙니다. 폭력 행사를 합리화할 수 있는 논거가 자기 안에 있다고 생각하기 때문입니다. 그 논거를 '모두가' 용인해주리라고 믿고 있기 때문입니다.

⧼⧼⧼ 혼자 있게 해주는 것이 진정한 존중

내 나이 또래 사람들은 '뉴 패밀리 세대'라고 불리는 세대에 속해 있습니다. 예전처럼 집을 중심으로 한 가정에서 개인 중심의 가정으로 이행하는 가운데 '서로 위해주는 부부'나 '친구 같은 부모' 등 새로운 모델을 보면서 가족의 연을 만들어온 세대로 정의되고 있는 듯합니다.

형식적이고 법률적인 구속은 던져버리고 사랑과 신뢰만으로 묶인 가족만이 진짜 가족이라고 여기게 된 것입니다.

그러나 우리는 사랑만을 조건으로 삼을 경우 유지될 가정은 거의 없다는 슬픈 사실을 알게 되었습니다.

가족 구성원 개개인의 순수한 애정만으로 엮인 가정은 생각 밖으로 위태롭습니다.

과거와 같이 집을 중심으로 한 가정은 사랑이 있든 없든 한 사람 한 사람이 살아가기 위해 공동체를 형성해야만 했습니다. 사랑이 아니라 사회적 계약 위에 성립했던 것입니다. 그런데 이 사회적 계약에 옴짝달싹 못하게 된 가정이 개인에게 그 정도로 억압적이었는가 하면, 그렇게 딱 잘라 말할 수만도 없을 듯합니다.

나의 부친은 5형제 중 넷째로, 그중 장남은 형제들로부터 많은 존경을 받았습니다. 어릴 적 정월이 되면 아버지의 형제들이 모두 큰형 집으로 인사를 드리러 갔는데, 어린 마음에 왜 큰아버지에게 다들 이렇게 예의를 갖추는지 신기했습니다. 잘은 모르겠지만 메이지 시대 분들이니 '봉건적' 의식에 사로잡혀 있을지도 모른다고도 생각했습니다.

장남에 대한 이런 존경에 이유가 있다는 사실을 알게 된 것은 나중의 일이었습니다. 큰아버지의 동생들은 저마다 힘든 상황 속에서 패전을 맞았습니다. 나의 부친도 대륙에 있다가 모든 것을 잃어버린 뒤 일본으로 귀국했는데, 그때 일단 삿포로의 큰아버지 댁으로 가서 새로운 생활을 위한 도움을 받고 다시 도쿄로 올라왔습니다. 차남은 나가사키에 있어서 가족 모두가 원폭으로 사망했고, 셋째도 피폭을 당했습니다. 큰아버지는 이 소식을 듣고 종전 전후의 대혼란 속에서 홀로 전차를 갈아타고 삿포로에서 규슈까지 동생을 찾으러 갑니다. 그리고 미야자키의 병원에서 동생을 찾아 들것에 실어 삿포로까지 데리고 옵니다.

큰아버지가 예외적으로 형제애가 두터운 사람은 아니었던 것 같습니다(내가 기억하는 한 다정한 구석이라곤 전혀 없는 사람이었습니다). 다만 메이지 시대 남자답게 가장으로서의 의무를 다했습니다. 이 이야기를 듣는 우리는 친족에게 베푼 큰아버지의 헌신에 감동하게 되는 것이 사실입니다. 집안을 이어나갈 장남이 형제자매를 돌봐야 한다는 관습을 '시대착오적인 도덕'으로 배척하는 의견만 듣고 자란 우리는, 이분처럼 빈곤한 시절에 자라 집안의 가부장으로서 의무만 남은 상황에서도 묵묵하게 제 역할을 다한 과묵한 가장이 있었다는 사실을 배우지 못했습니다.

우리는 이런 가부장적인 가족 시스템을 봉건제가 남긴 제도라며 매장했지만, 단죄할 때는 하더라도 그 제도가 사회에서 어떤 긍정적인 기능을 담당했는지를 냉정하게 따져봐야 할 것입니다. 만약 지금의 가족제도 그대로 그 시절과 같은 위기 상황에 처하게 된다면 과연 핵가족은 효율적인 상호부조 조직으로 기능할 수 있을까요? 나는 회의적입니다.

나는 아시야에서 지진을 겪고 아파트가 무너져 3주간 가까운 초등학교 체육관에 대피 중이었습니다. 체육관에는 수백 명이 묵고 있었는데, 그때 목격한 장면 중 가장 추악한 광경은 체육관 구석의 넓은 장소를 점거한 채 주변에 종이 박스로 울타리를 치고 그곳에 구호물자를 쌓아놓은 어느 일가의 모습이었습니다.

그 사람들은 이웃을 밀어내더라도 자기 가족만을 지키는 것이 '상식'이라고 여겼을 겁니다. 그때 나는 공공성을 잃은 핵가족은 봐주기가 힘들다는 생각을 했습니다.

힘만 조금 뺐을 뿐인데

사실 이런 광경은 가족은 순수한 사랑으로 연결되어 있어야 한다, 사람은 형식만으로는 연결되어 있다고 느끼지 못한다는 이데올로기의 당연한 귀결점입니다. 지역사회에 함께 사는 사람들(그중에는 도움이 필요한 노인과 유아도 있었습니다)에게는 '순수한 사랑'이라는 것을 느끼지 못하니 애정이 없는 건 당연하겠고, 단순한 의무감 때문에 양보하는 것은 '위선'이라고 그들은 생각했을 겁니다.

　이런 행동은 '애정이 식었다고 바로 헤어지는 부부'나 '아이가 귀여운 짓을 하지 않는다며 폭력을 휘두르는 부모'와 통하는 바가 있습니다. 그들에게서는 공통적으로 '자연스럽게 드러나는 진짜 사랑'만이 사람과 사람을 이어주어야 하며, 의무감이나 사명감이나 이론 등 귀찮은 사회적 약속으로 연결된 타인과의 관계는 불순하고 위선적이라는 '순수주의' 또는 '진짜를 지향'하는 사고방식을 찾을 수 있습니다. 이런 태도는 인간을 향한 어마어마한 착각입니다.

　어째서 이렇게 되어버린 것일까요?

　모두가 '없는 것에 매달리고' 있기 때문이 아닐까 합니다. 가족인 이상 서로 사랑해야 한다고 생각하지만 그것이 결여되어 있는 상황에서 '이래서는 부부로서도 부모 자식으로도 가족으로서도 불완전하다'는 불만과 분노가 쌓이게 되는 겁니다. 다른 가족 구성원에 대한 기대가 어떤 의미에서는 너무 높고 어떤 의미에서는 너무 낮은 셈입니다.

가족 외의 사람에게는 결코 품지 않을 만한 농밀하고 '리얼'한 애정을 서로에게 지속적으로 보여줘야 한다는 요구는 기대치가 너무 높아 실현이 불가능합니다. 그런 애정을 서로에게 요구하는 사람들이 모인 공동체이면서도 어떤 무례한 짓을 하든, 폭력적인 말을 주고받든 용인한다는 것은 기대치가 너무 낮다는 뜻입니다.

사람 사이의 친밀감과 존경은 이보다 조금 더 포근하지 않을까요?

오즈 야스지로의 〈안녕하세요〉라는 영화의 마지막 장면에서 사다 게이지와 구가 요시코는 역 플랫폼에서 이런 대화를 나눕니다.

"안녕하세요."

"안녕하세요."

"오늘은 어디까지 가세요?"

"요 앞에 니시긴자까지요."

"날씨 좋네요."

"그러게요."

"어? 저 구름 뭐죠? 뭔가 닮았는데."

"뭔가 닮았네요."

"날씨가 좋아요."

"날씨 참 좋네요."

두 사람은 같은 말을 그저 반복할 뿐입니다. 하지만 이 대화가 두 사람에게 매우 행복한 소통이라는 것을 우리는 확신할 수 있습니다. 왜일까요? 이 대화에서 유의미한 정보의 교환은 아무것도 없는

데도요(유일한 정보라고 할 수 있는 것은 사다 게이지가 니시긴자 방면으로 외출한다는 것입니다). 그러면 이 대화는 대체 무엇을 나누고 있는 것일까요?

두 사람 사이를 오가고 있는 것은 '나는 당신의 말을 들었다. 우리 사이에는 소식이 오갔다'라는 메시지입니다. 상대방과의 커뮤니케이션이 성립되었다는 사실을 상대방에게 알리는 가장 확실한 방법은 들은 말을 한 번 더 반복하는 것이기 때문입니다. 이 두 사람은 '나는 당신에게 말을 보낸다' '당신의 말은 나에게 전달되었다'라는 사실'만을' 말하고 있을 뿐입니다.

연인들은 "사랑해" "사랑해" "사랑해" "사랑해"라고 서로에게 영원히 고백합니다. 연인들에게 이것은 다른 어떤 대화보다도 즐겁습니다. 그들은 의미 있는 메시지를 교환하고 싶은 생각이 딱히 없습니다. 그들은 단지 자신의 '메시지 선물'을 받아주는 타인이 곁에 있다는 사실을 확인하고 싶어 할 뿐입니다.

만약 가정을 항상 따뜻하고 다정한 곳으로 만들고 싶다면 나는 가정 내 커뮤니케이션이 '포근한' 메시지를 주고받는 데에 머무르는 편이 낫다고 믿습니다.

가정에서 정치적 의견이나 사회문제에 대한 의견이 일치되기를 바라는 건 난센스입니다. 그런 말을 어쩌다가 입 밖에 내더라도 "허허, 그렇구나" 하는 정도로 가볍게 받아넘겨 주는 것이 예의입니다.

타인에게 다정하게 대하는 여러 가지 방법이 있지만 '내버려두는 것'은 그중에서도 가장 어려운 방법입니다. 하지만 적절한 형태로 '그냥 혼자 있는 것'만큼 사람이 마음을 쉴 수 있는 방법은 없습니다.

오해하지 않으셨으면 합니다. 방치와는 다릅니다. 혼자 있게 '해준다', 혼자 있는 시간을 '이해받는다'라는 말에서도 알 수 있듯이 그런 경우는 그것이 존중의 커뮤니케이션이라는 사실을 당사자 간에 확실히 인지하고 있습니다.

정말 친한 사람 사이에서는 때때로 '아무것도 하지 않는 것'이 귀중한 선물이 되는 경우도 있습니다. 하지만 커뮤니케이션이란 '주는 것'이라는 기본 개념을 알지 못하면 이해가 쉽지 않겠지요.

'오리지널 욕망'이란 존재하지 않는다

'남자다운 남자'와 '여자다운 여자'라는 통념이 사라진 것은 전후 민주주의와 페미니즘의 책임인 걸까요? 그렇게 설명하는 사람도 있지만 나는 아니라고 생각합니다.

과거 20년간 미디어는 '○○다움의 근절'을 위해 꽤나 노력해왔습니다. 그러나 아무리 자립해야 한다, 개성을 꽃피워야 한다고 외쳐봐도 이데올로기 자체에는 인류학적 지혜를 뒤집는 힘이 없습니다. 아무리 페미니즘이 애를 써도 '젠더 프리'한 사회는 절대로 나타나지 않습니다(성차를 없애는 쪽이 인류의 생존 전략에 불리하기 때문입니다).

그러나 사회가 종의 생존 전략상 불리하다고 여겨지는 형태로 나아가야 한다고 주장하는 이데올로기가 발전했다는 인류학적 사건의 중요성은 간과할 수 없습니다. 어떠한 이데올로기든 현실에 강력한 영향력을 미친다는 사실은 그것이 특정한 종류의 인류학적 지각 변동과 연동되어 있다는 뜻입니다.

인류학적으로 고찰해보면 성차, 연령차, 신분 차이 등의 요소는 가능한 한 세분화되어 있는 편이 종으로서의 인류의 생존에는 유리합니다. 그럼에도 불구하고 젠더 경계의 해체나 '일억 총 중류화'(일본의 인구가 총 1억 명에 달할 것으로 예측되던 1970년에 발맞춰 국민의 대다수가 스스로 중류층이라는 의식을 갖자는 운동—옮긴이), 노익장을 과시하는 '에버 그린' 층의 출현 등 모든 영역에서 사회를 구분해온 경계선이 흐려지고 있습니다. 말하자면 시대의 흐름이 명확하게 **인류의 생존에 불리한 방향으로 전환되고 있는** 것입니다.

인류는 왜 다시 생존에 불리한 방향으로 '진화'하고 있는 것일까요? 그 이유를 설명해내지 못한다면 가정, 교육, 정치 문제에도 적절하게 대처할 수 없습니다.

인류학적 시스템을 전복시킬 정도의 힘을 가진 이데올로기, 인간의 생존 전략에 해를 끼칠 수 있을 정도로 강력하게 인간의 욕망을 움직일 수 있는 것은 무엇일까요?

어려운 듯 보이지만 답을 들어보면 "뭐야, 그거야?" 하실 겁니다.

바로 자본주의입니다.

자본주의의 목표는 '많이 생산한다, 많이 유통한다, 많이 소비한다'는 것밖에 없습니다. 그 밖에는 어떤 목표도 없습니다.

왜 이런 사상이 경제 시스템을 지배하게 되었는지를 말하려면 길고 긴 이야기가 될 테니, 간단히 말하자면 '인간은 그런 것을 좋아하기 때문'이라고 해두겠습니다.

인간은 동물인 동시에 인간입니다.

인간 안에 남아 있는 동물로서의 본능(기시다 슈에 따르면 '망가져 있어' 잘 기능하지는 않지만)은 시스템의 안정을 위해서라면 구성원의 욕구를 집중하기보다는 분산시키는 편이 낫다고 가르칩니다. 형식, 신분, 성차, 친족 조직, 토테미즘은 그것을 위한 인류학적 발명입니다.

그러나 인간은 그런 합리적인 생존 본능만으로 살지 않습니다. 인간은 시스템의 안정에 신경을 쓰는 것과 비슷하게, 시스템의 안정을 희생해서라도 재화, 서비스, 권력, 정보가 '끊임없이 이동하는' 것을 보고 싶어하는 비합리적인 욕망을 있는 힘껏 불태우고 있기도 합니다.

시스템의 안정이냐, 욕망의 충족이냐. 인류 발생 이래 이 길항 관계는 '욕망' 쪽이 완만하게 우세한 추이를 보여왔습니다. 그러므로 이런 표현이 허락된다면 **생태계의 안정보다 욕망의 충족을 우선적으로 고려하는 생물**, 그것이 인간이라는 말이 됩니다. 동물과 인간의 다른 점은 이 한 가지밖에 없습니다. 그것이 생산력의 향상, 생산관계의 변화, 화폐의 발명, 분업의 발생, 계급과 국가의 출현, 제국주의 전쟁, 세계화…… 등등의 생산과 유통의 변화에서 나오는 추진력입니다.

자본주의의 본질은 '대량 생산·대량 유통·대량 소비'를 목표로

하는 운동성 자체이기 때문에 근대 이후의 사회 이론은 모두 이를 전제로 하거나 이에 편승했습니다. 마르크스주의도 예외는 아닙니다. 마르크스가 꿈꾼 이상적인 사회는 생산 효율이 가장 좋은 사회니까요(전근대적 상호부조 공동체로의 회귀를 목표로 한 정치사상·운동도 19세기에는 볼 수 있었지만, 모두 단명했고 결국 지배적인 이데올로기가 되지는 못했습니다).

자본주의는 생산과 유통과 소비의 최대화가 최우선되는 시스템입니다.

그러므로 시장을 활성화하는 방법은 예나 지금이나 단 하나입니다. 생각해보면 누구나 알 수 있는 것입니다.

'모두가 같은 것을 욕망하고, 욕망의 대상이 일정하지 않을 것'입니다.

모두가 하나같이 똑같은 것을 가지고 싶어 한다면 그 상품은 순식간에 희소 재화가 되어버리므로 가격이 급등합니다. 상품이 어느 정도 보급되고 나서 갑자기 그 상품에 대한 욕망이 식어버리면 인정사정없이 쓰레기통에 버려지고 다들 '다음 상품'으로 몰려듭니다. 이 욕망의 눈부신 점멸이 자본주의의 이상적인 상태입니다.

이런 이야기를 하면 상처받는 분들이 많을 테지만 한번 생각해보시기 바랍니다.

거품경제 시절에 일본 전역의 샐러리맨들이 일시적으로 '내 집 마련'을 위해 35년, 40년짜리 대출을 받아 아파트와 단독주택을 구입

했습니다. 왜 그들은 갑자기 집이 사고 싶어졌던 걸까요? 그들에게 집이 필요한 절실한 사정이 동시에 발생했던 것일까요?

아닙니다.

집을 구입하고 싶어진 건 다들 집을 사기 때문이었습니다. 그 전까지 딱히 원하지도 않았던 집을 갑자기 갖고 싶어진다는 것은 '다들 원하기 시작했기' 때문입니다. **타자의 욕망에 감염**된 것입니다.

수요가 늘어나면 늘어날수록 상품의 희소성은 올라가고 교환가치는 급등하기 때문에 '지금은 필요 없지만 다들 사니까 나도 하나 사둘까' 하는 이유만으로 평생 갚아야 할 대출을 짊어지고 쇼핑을 했던 때는 안타깝지만 당연하게도 그 상품의 가격이 가장 치솟았던 시기였습니다.

자본주의는 이런 욕망 위에서 번영한 시스템입니다.

그러므로 자본주의가 바라는 이상적인 세상은 거품경제 시절 앞뒤 따지지 않고 대출을 받거나 티파니 매장 앞에서 줄을 서는 '타자 지향적인' 사람, 즉 '옆 사람이 원하는 것을 가지고 싶은' 타입의 사람들로 채워지는 사회입니다. **모든 사람이 같은 것을 원하는 사회, 그리고 원하는 것이 끊임없이 변화하는 사회**, 자본주의가 원하는 이상적 세계입니다.

자본주의가 이상을 실현하는 데 있어 가장 눈에 거슬리는 것은 무엇일까요?

이번엔 바로 아시겠지요. 맞습니다. 사람들의 욕망을 조금씩 엇

갈리게 해서 같은 것에 욕망이 집중되지 않도록 하는 '장벽', 이것이 가장 큰 골칫거리입니다. '○○다움'에 통제당하는 집단의 욕망이 분산되어버리면 최악의 장애물로 작용합니다. '아이'는 '어른'이 원하는 것에 눈길도 주지 않고, '노인'은 '젊은이'가 원하는 것에 눈길도 주지 않으며, '여성'은 '남성'이 원하는 것에 눈길도 주지 않는 식으로 집단별 욕망이 '엇갈려 있는 것'이 유한한 자원의 분배를 위한 지혜인데, 자본주의가 추구하는 사회는 완벽히 그 반대인 '전원이 같은 것을 원하는' 상황입니다.

이렇게 사회 구성원의 욕망을 가능한 한 균질화하려는 자본주의와, 구성원의 욕망을 가능한 한 분산시키려는 인류학적 제도 사이에 치열한 전쟁이 벌어집니다.

내가 이 책에서 논한 '○○다움'의 해체, '형식 문화의 쇠퇴' 등의 판단은 자본주의와 인류학적 시스템이 상극에 있다는 커다란 맥락 안에서 이루어졌습니다.

"'남자답게' 같은 건 없어도 된다, 나는 나니까"라고 말하는 젊은이들도 실은 매우 '○○답게' 행동하고 있습니다. 그들도 '요즘 젊은이다움'을 강하게 의식하고 있으며 '나는 나니까'라는 '요즘 세상다움'에서 벗어나지 못하고 있기 때문입니다.

'요즘 세상다움'이라는 것도 어떤 종류의 '형식'임에는 틀림없습니다.

'집단으로의 분할'이 중요하다는 사실을 그들도 직감적으로 알고는 있을 겁니다. '요즘 세상 젊은이'를 더욱더 잘게 쪼개 '○○계'라든가 '○○파'와 같은 하위 집단을 만드는 세상입니다.

그들이 깨닫지 못하는 건 애초에 그들에게 할당된 '요즘 세상 젊은이'라는 카테고리가 매우 '좁다'는 점입니다.

젊은이들도, 아저씨들도, 소녀들도, 아주머니들도, 모두 다 자신들이 너무도 닮았다는 사실에 불쾌해합니다. 그래서 옆자리 젊은이, 옆집 아주머니를 흘끔거리면서 차별화하고 싶어합니다.

옆자리 사모님이 '표범 무늬' 블라우스면 나는 '호랑이 무늬'로 대항하는 정도로 차별화를 시도합니다. '어쨌든 동물무늬'라는 전제는 놓친 채 말입니다.

이렇듯 옆 사람과의 차별화에는 열심이지만 옆 사람과 나를 함께 둘러싼 '니치'가 좁다는 사실은 전혀 알아채지 못하는 사람들을 '대중'이라고 부릅니다.

현대의 일본인은 비좁은 니치에 갇혀 있습니다. 그리고 현대 일본인에게 할당된 이 비좁은 니치를 '전 세계'로 착각하고 이 환경을 더욱 하위의 니치로 세분화하기 위해 있는 힘껏 노력하고 있습니다.

시간으로 비유한다면 현대 일본인은 '오후 5시 11분부터 12분 사이에 사는 종족'입니다. 그곳에서 사람들은 '오후 5시 11분 01초와 02초 사이의 노을 빛깔의 차이'를 논하는 데 에너지의 대부분을 소비합니다.

이를 통감한 건 불과 며칠 전입니다. 어느 신문의 칼럼에 '가난을 두려워하지 말라'는 단문을 기고했더니 "당신 같은 부자는 인생이 바뀔 정도의 진짜 가난을 모른다"는 항의 메일이 왔더군요.

나는 놀랐습니다.

2000년 일본의 1인당 GDP는 3만 7,560달러로, 룩셈부르크에 이어 세계 2위입니다. 1가구당 평균소득은 616만 엔. 그 사람은 이 통계 위에서 '나는 가난하다'라고 말하고 있는 것입니다.

이날 같은 신문에는 과테말라의 일용직 농민의 일당이 240엔이라는 기사가 실렸습니다. 1년 365일 쉬지 않고 일한 연수입이 8만 7,600엔입니다.

《아사히 신문》을 구독하고 인터넷을 사용할 정도로 수입이 있는 이 사람은 과테말라나 소말리아 사람들 앞에서 "나는 인생이 바뀔 정도의 가난을 경험했다"고 말할 수 있을까요? '인생이 바뀔 정도의 가난'은 개인이 계속 노력해도 자신의 미래를 바꾸는 것이 불가능할 정도의 절망적 빈곤일 겁니다. 그런 빈곤이 현실에 '있다'고 상상할 수 없는 사람만이 자신이 '가난'하다고 주장할 수 있습니다. 현대 일본인의 좁은 시야를 보여주는 사례입니다.

자본주의는 '차이 속에 사는' 인간의 특성을 최대한 이용합니다. 자본주의의 동력은 옆 사람과 '거의 똑같지만 아주 조금 다른' 방법으로 차별화를 꾀하고 그것으로 정체성을 확보하고자 하는 인간의 욕망입니다. 참고로 인간은 아무리 작은 기호라도, 변화가 있을 때

힘만 조금 **뺐을 뿐인데**

차이를 감지할 수 있는 '차이 지각력'이 높은 생물입니다.

그러므로 미세한 차이에 민감해지는 데에 소비자의 의식을 집중시키고 그 소비자 전원을 가능한 한 좁은 니치에 가두는 전략이 자본주의가 취하는 가장 좋은 전술인 셈입니다. '오후 5시 11분 01초와 02초 사이의 노을 빛깔의 차이' 분석에 골몰할 수 있게 된 인간은 자기가 짧은 시간 사이에 갇혀 있다는 사실조차 깨닫지 못합니다.

생산자 입장에서 보면 방한복 제품으로 모피코트부터 도롱이까지 전부 갖추어야 하는 경우와 '원단도 색도 스타일도 같고 그저 단추 위치만 다를 뿐인' 코트를 준비하면 되는 경우는 제조 단가가 다릅니다. 소비자들이 단추 위치가 다르다는 정도의 차별화로 충분히 열광할 수 있다면 그 이상 다양한 상품을 준비할 필요가 없어집니다. 생산 라인은 하나로 충분합니다. 단추를 다는 공정에 몇 명쯤 채용하면 됩니다. 이게 비용이 덜 듭니다. 심한 말이긴 하지만, '제조 원가를 낮춘다'라는 것은 그런 것입니다. 무엇보다 일본인은 색깔만 다른 유니클로 '후리스'를 2천만 벌씩 사는 국민이니까요.

자본주의에 가장 좋은 전략은 '가능한 한 좁은 니치에 가능한 한 많은 개체를 욱여넣는' 것입니다. 이것이 지금 일본의 모습입니다. 나는 지금이 시스템에 위험한 상황이라고 말씀드리고 있는 것입니다.

'○○다움'을 강조하는 제도가 비판받을 당시 '삶의 방식과 관련한 옵션의 다양화'가 강조되었습니다. 개인의 자유를 존중하기 위함이지요. 그러나 모순적이게도 그런 노력의 결과, 우리는 '삶의 방식과 관련된 옵션의 다양화'가 아니라 그와 완전히 반대인 '삶의 방식의 단선화'라 불러야 하는 사태에 다다르게 되었습니다.

왜 이런 일이 벌어진 것일까요?

지나치게 노골적으로 말하자면 인간은 생각보다 멍청했기 때문입니다.

'이제 제약을 가하지 않을 테니 앞으로는 마음대로 살아라'라고 하면 다들 서로의 안색을 살피기 시작하고 서로를 흉내 내기 시작합니다.

그 전까지는 집단별로 주어진 '샘플'의 흉내를 내는 것이 제도화되어 있었습니다. 하지만 샘플을 흉내 내지 않아도 된다는 말을 듣고 기뻐하는 것도 잠시, 사람들은 곤란해지고 말았습니다. '진짜 내가 욕망하는 것'이 존재하지 않았기 때문입니다.

인간의 욕망은 본질적으로 타인의 욕망을 모사한 것입니다. 사람들이 그 전까지 흉내 내온 것은 롤 모델의 행동과 사고방식이 아닌, 롤 모델의 욕망이었습니다. 그런데 갑자기 '너 자신만의 욕망을 가져라'라고 하니 어찌할 바를 모르게 되었지요.

"아니, 나는 나만의 욕망을 가지고 있다니까요"라고 으스대는 사람도 있을지 모르지만, 별로 믿음직스럽지 못한 말입니다.

미국에는 상상을 초월하는 변태적인 연쇄살인범이 많은데, 그들의 특징은 앞선 범죄를 '카피'하는 것입니다. 그래서 프로파일링이라는 수사 방법이 가능한데, 유명한 살인자와 '인종·연령·학력·직종·가정환경'이 비슷한 사람이 살인 방법을 흉내 내는 경향이 있다고 합니다. 그러므로 변태적인 연쇄살인범은 '변태적인 연쇄살인범의 흉내를 내는 사람들'의 집단에 속한다고 말할 수 있습니다.

예전에 미국 중서부의 고등학교에서 검은 우비를 입은 고등학생이 교실에서 산탄총을 난사해 교사와 급우를 참혹하게 살해한 사건이 있었습니다. 그 후 레오나르도 디카프리오의 〈바스켓볼 다이어리〉에 등장하는 꿈속 장면을 흉내 낸 것이라는 보도가 나왔습니다. 그렇습니다. 그 범인은 영화를 보고 '자신이 제일 하고 싶었던 일'을 발견했습니다. 이렇듯 타인이 무슨 일을 하는지 본 후에야 '내가 제일 하고 싶었던 일'을 생각해낼 수 있는 것이 인간입니다. 총을 난사해서 급우들을 학살할 정도로 '유니크한' 이 소년은 디카프리오의 흉내를 내는 것밖에 '자신의 유니크함'을 표현할 방법이 없었습니다. 인간은 그 정도까지 오리지널리티가 없는 생물입니다.

그렇기 때문에 더욱 모사할 '타인'의 모델을 정해놓고 '이 사람 말고 다른 사람의 흉내는 내지 않기'로 구속하지 않으면 어느새 인간 사회는 '서로 판박이'가 되어버리고 말 것입니다.

내가 하는 말이 모순처럼 들릴 수도 있습니다. 그러나 사실이 모순되어 있습니다.

사람은 자유롭게 사는 편이 낫다고 봅니다. 그것이 인간의 본래 모습을 다양화할 가능성이 있기 때문입니다. 하지만 그와 동시에 '사람은 자유롭지 않은 편이 낫다'고도 생각합니다. **무심코 자유롭게 놓아주면 모두 똑같아져버리기 때문**입니다. 까다로운 이야기지만, 핵심은 이해하셨으리라 믿습니다.

우리가 머리를 식히고 나서 이해득실을 따져야 하는 것은 이 지점입니다.

인간 사회의 시스템을 안정적으로 유지하기 위해서는 다양한 개체가 필수적으로 혼재되어 있어야 한다는 전제가 있습니다. 이미 이해하셨겠지요.

문제는 다음입니다.

다양성을 확보하기 위해서는 개체 하나하나를 마음대로 하도록 두어도 되는지, 아니면 하나하나의 개체를 어느 정도씩 나눠서 '형식'으로 묶어놓는 것이 좋을지.

이 질문에 정답은 없습니다. '케이스 바이 케이스'로 일일이 고민해보는 수밖에 없습니다.

우리가 저마다 '오리지널 욕망'에 따라 원하는 대로 산다면 모두가 독창적 인격을 형성하는 데에 성공하는 사회가 이상적일 것입니다. 그러나 이것은 현실적으로 불가능합니다. '오리지널 욕망'이라는 것이 존재하지 않기 때문입니다. 우리는 누군가의 욕망을 모사하고 누군가에게 내 욕망을 모사당하면서 커뮤니케이션을 시도할 수밖에 없습니다.

힘만 조금 뺐을 뿐인데

이 근원적 모순 사이에서 찢겨버린 상황, 이것이 자유와 제약을 둘러싼 모든 문제의 근원에 있는 인간의 상황입니다.

따라서 우리는 이런 점을 공유한 바탕 위에서 사회의 이익을 최대화할 수 있는 방법을 함께 논의해야 합니다. 어딘지 모르게 학급회의 폐회사 같은 맺음말이 되어버렸지만, 뭐, 다 그런 것 아니겠습니까.

이 책에서 제가 거듭 드린 말씀은 '무리하면 안 된다' '참으면 안 된다'라는 것입니다.

그런데 '무리無理하지 않을' 때의 '이理'란 무엇인지, '참지 않을' 때의 '자연스러운 기분'이란 어떤 것인지에 대해서는 그리 간단하게 설명할 수 없습니다. 젊은 사람들은 "나는 무리 안 해" "나는 안 참아"라고 강력하게 선언하곤 하지만, 그 말 여기저기 구석구석에 '응어리'와 '허세'가 흘러나오고 있다는 느낌이 듭니다.

응어리와 허세를 없애기 위한 가장 좋은 방법은 조용히 '듣기'입니다.

마음의 귀를 기울여 소리 없는 소리를 듣는 것.

이것은 제 합기도 스승이신 다다 히로시 선생이 자주 하시는 말씀입니다. 외부에서 도래하는 이해 불능의 소리에 주의 깊게 귀를 기울일 것, 자기 신체 내부에서 발신되는 미세한 신호를 고요히 들어볼 것. 이것은 무도뿐만 아니라, 철학뿐만 아니라, 인간이 살아가

힘만 조금 뺐을 뿐인데

는 데 있어 기본적인 매너입니다.

희미한 신호를 알아채기 위해서 마음을 다해 조용히 귀를 기울일 때 인간의 신체는 가장 부드럽고, 가장 가볍고, 가장 투명해집니다.

정말 그렇습니다.

인간이 가장 무리 없이, 이완되어 있는 상태는 아무도 없는 곳에서 홀로 우두커니 서 있을 때가 아니라 외부(자기 신체는 하나의 외부입니다)에서 도래하는 '소리'에 고요히 귀를 기울일 때입니다.

차를 끓이고, 향을 피우고, 맛있는 음식을 맛보고, 책을 읽고, 비즈니스를 하고, 무술 대련장에서 상대방의 신체에서 뿜어 나오는 기의 흐름을 감지하는 것은 단 하나를 잘하기 위한 연습입니다.

바로 '귀 기울이는 것'입니다.

이것이 이 책에서 제가 드리고 싶었던 말씀입니다.

마지막으로 한없는 수다와 끝없는 원고 수정을 인내로 견뎌주신 가도가와쇼텐의 야마모토 히로키 씨와 이토 사유리 씨 그리고 도쿄에서 온 두 편집자를 열렬히 환영해준, 기타노의 '자크 메욜'에서 만나는 '거리의 레비나스 파' 모든 형제자매에게 진심으로 감사드립니다. 덕분에 책이 완성되었습니다.

커다란 냄비

- 긴이로 나쓰오 銀色夏生

가도가와쇼텐 편집자분으로부터 이 책의 해설을 써주시지 않겠느냐는 청탁을 받았지만 해설을 쓴다는 것이 송구스럽기도 하고 그건 내가 할 수 있는 일이 아니었기 때문에 그럼 제가 보고 느낀 우치다 선생에 관해서라면 쓰겠다고 이야기가 되어 이렇게 글을 쓰고 있습니다.

제가 처음 우치다 선생의 책을 읽은 건 아마 3년 전 봄이었을 겁니다. 어려운 이야기가 쉽게 쓰여 있어서 '그런 것이구나' 하고 공감하기도 했고, 처음 알게 된 새로운 사상이 많아서 그때 구할 수 있었던 이 책 말고도 다른 여러 권(아주 어려울 것 같은 책은 제외)을 사서 탐독했습니다. 저는 우치다 선생이 자기 안에 다양한 것, 놀라운 것 등 여러 가지 것들을 담고 있는 커다란 냄비 같은 사람이라는 느낌을 받았습니다. 채소, 고기, 돌, 유리 같은 것들이 펄펄 끓는 수프 속에서 삶아지고 가라앉고(그리고 그 수프의 맛은…… 맛은? …… 으음, 수수께끼입니다).

그리고 나서 제 감상을 적은 편지를 아는 편집자분에게 건네며 전달을 부탁했습니다. 그 사람이 우치다 선생이 아는 편집자에게 편지를 전달해주면, 그 편집자분이 다시 우치다 선생에게 바통을 넘기듯이 전달해주리라 생각하고서요. 그게 3년 전 가을이었습니다. 하지만 그 릴레이는 아주 느긋하게 진행되었던 모양으로, 선생의 손에 전달된 것은 해를 넘겨서 아마 재작년 1월이었던 것 같습니다. 그리고 급하게, 늦어져서 미안합니다, 편지를 지금 읽었습니다, 라는(느긋했던 덕분에 오히려 현장감 있는) 메일을 받았습니다. 답장으로 혹시 제가 고베에 들를 기회가 있으면 인사드리고 싶다는 말씀을 전했습니다. 시간이 지나 그해 가을이 되었습니다. 오사카에 갈 일이 있어서 다음 날 고베에 있는 친구와 만나기로 했습니다. 그래서 우치다 선생에게 다음 달 말에 그쪽에 갈 일이 있는데 시간 괜찮으십니까? 하고 거절하기 어려운(날짜 폭이 넓어서) 메일을 보내 만나 뵙게 되었습니다. 저는 그 총명한 두뇌의 주인이 어떤 분일지 아주 궁금했습니다.

그날 아마도 오후 7시였던가요, 지금은 잊어버렸습니다만, 산노미야 역 개찰구에서 만나기로 했는데 괜히 우물쭈물하다가, 게다가 포트피아 호텔에서 산노미야 역이 제 생각보다 멀어서 늦을 것 같았습니다. 택시 안에서 약속 시간이 되어버렸고, 마침 그때 휴대전화가 울려 지금 어디신가요? 하고 물으시길래, 죄송합니다, 지금 택시 안입니다, 조금 늦을 것 같습니다, 하고 답하자 지금 어디서 오시는 길인가요? 하고 물으셔서 포트피아 호텔에서 출발했습니다, 했더니 그럼 마루이 앞에 있겠습니다, 그 편이 오시기 편할 겁니다, 하시기에 네, 하고 대답하고는, 나도 성질이 급하지만 이 사람은 나보다 더하다는 생각을 하다가 가능하면 뛰어서 이쪽으로 마중 나오려는 건 아닐까? 저도 지금 택시 안에서 마음속으로 달리고 있습니다! 라고 생각하다 보니 시간이 지나 드디어 도착해 사방을 두리번거리는 사람이 있네, 하고 봤더니 그게 우치다 선생이었는데 몇 명에게 혹시 긴이로 씨 되십니까? 하고 물어봤다고 하시더군요. 그리고 선생이 아신다는 가게로 가는 길에, 칼럼에서도 당신이 걷는 속도가 매우 빨라서 조금 천천히 가주시겠습니까? 하는 말을 자주 듣는다고 쓰셨는데, 그건 정말 사실이어서, 놀랄 만큼 걸음이 빨라 나 같은 사람은 종종걸음으로 뒤쫓는 것만으로도 힘에 부쳤던 것이 묘하게 재미있었습니다. 가게에 도착했더니 문은 닫혀 있었고, 여긴 거의 쉬는 일이 없는데, 하고 놀라시더니 그럼 생각난 다른 곳으로 가자는 얘기가 되어 다시 종종걸음. 걸어도 걸어도 다음 가게가 나타나지를 않고. 그래서 어떤 분께 물었더니 그 가게는 이미 없어졌다는 말씀. 그래서 '아트 커피'를 지나쳐 드디어 음식점에 도착해 한숨 돌리고 그곳에서 잠시 대학 수업 한 강좌 정도의 시간 동안 말씀을 들었습니다(공짜로! 게다가 식사 포함!).

돌아보면 무슨 말씀을 해주셨는지 잘 기억나지 않지만, 선생이 "나도 그런 말 많이 듣지만, 긴이로 씨도 고집 세시죠?" 물으시기에 나는 "아아…… 네" 하고 대답했는데, 그 고집이라는 건 어떤 고집

　　　　　　　힘만 조금 뺐을 뿐인데

일까. 선생이 말씀하신 고집과 같은 건가요?

음식점을 나와 걸으면서 앞으로 써야 할 책이 여러 권, 열 권이었든가 스무 권이었든가 쌓여 있다는 말씀에 뭔가 되게 바쁘신 것 같아 보이기에 "어쩌다가 그렇게 바쁘게 되셨어요?" 하고 여쭸더니 일을 좋아하기도 하고 부탁을 받으면 그 일을 해줘야 할 것 같다고 하셨습니다. 그 말을 듣고 뭔가 남자구나, 하는 생각이 들었던 것을 기억하고 있습니다. 그리고 그 파워풀한 커다란 냄비는 김을 내뿜으며 역으로 사라져갔습니다.

숲 속에서 들리는 '이리이리 오너라' 하는 말을 따라가다 보니 어느 순간 내 발로 전망 좋은 곳까지 걸어 들어와 서 있는 경험. 흥흥거리며 우치다 선생의 문장을 읽고 있으면 그런 일이 자주 있습니다. 그리고 아아, 그렇구나, 이쪽에서 보는 풍경은 이렇게 보이는구나 하고 생각하기도 합니다. 혼자서 다시 여기까지 올 수 있을지는 몰라도 한번 본 풍경은 잊지 못합니다. 거기서는 그런 것들이 보였지, 하고 말이죠. 그리고 그때 둘러보면 하늘 위라든가 어딘가 먼 곳까지 데려다준 선생의 모습이 살짝 보여서 쳇, 머리도 좋네, 억울해, 하는 마음이 되기도 합니다. 하지만 선생님이니까 그런 거지, 하고 생각합니다. 앞으로도 그 힘으로 계속 많이 가르쳐주세요, 하고 나는 무책임하게 말하고 싶습니다. 모두를 위해서요.

앞으로도 즐겁게 살아주세요.

전화윤 옮김
저자의 마음을 충실하게 전달하는 역자, 독자에게 울림이 되는 책을 소개하는 기획자를 꿈꾼다. 한국외대 일본어과와 통번역대학원 한일과 졸업 후 국내 기업에서 통번역사로 근무했다. 현재 바른번역 소속 번역가로 활동 중이다. 옮긴 책으로는 『죽음은 두렵지 않다』 등이 있다.

일본의 대표 지성 우치다 타츠루의 삶이 가벼워지는 일상인문 에세이

힘만 조금 뺐을 뿐인데

초판 1쇄 발행 2017년 11월 7일
지은이 우치다 타츠루 | **옮긴이** 전화윤

펴낸이 민혜영 | **펴낸곳** 오아시스
주소 서울시 마포구 월드컵북로 42다길 21(상암동) 1층
전화 02-303-5580 | **팩스** 02-2179-8768
홈페이지 www.cassiopeiabook.com | **전자우편** oasis_editor@naver.com
출판등록 2012년 12월 27일 제385-2012-000069호
외주편집 박김문숙 | **디자인** 석혜진

ISBN 979-11-85952-58-1 03190
이 도서의 국립중앙도서관 출판시도서목록(CIP)은 서지정보유통지원시스템 홈페이지(http://seoji.nl.go.kr)와 국가자료공동목록시스템(http: //www.nl.go.kr/kolisnet)에서 이용하실 수 있습니다.
CIP제어번호: CIP2017026039